Resorts der Malediven

RESORTS DER MALEDIVEN

ILLUSTRATION, TEXT UND GESTALTUNG:
ADRIAN NEVILLE

2002

SEVEN HOLIDAYS

Seven Holidays
adrian@sevenholidays.com

Erste Auflage - 1998 (Novelty Printers and Publishers)
Zweite Auflage - 2002
Aus dem Englischen ubertragen von
Brigitte Wimaladharma und Thoma Wiegand

ISBN: 955-8537-02-0

Druck in Journal (Emigre), ITC Oficina Sans und Adobe Myriad

Zur Bedeutung der beiden farbigen Kästen

„Relativer Preis" beschreibt das Preisniveau der jeweiligen Insel im Verhältnis zu den anderen Resorts. Die Ziffer '1' steht dabei fur das teuerste, die Ziffer '10' fur das priesgunstigste Resort.

„Zimmerdichte zu Inselgröße" beschreibt die Anzahl der Zimmer im Verhältnis zur Fläche der Insel. Je größer die Zahl und je dunkler die Farbe, desto mehr Zimmer stehen auf der Insel zusammengedrängt.

EINLEITUNG

DAS LAND

Die Lage
Im Indischen Ozean, eine Flugstunde südwestlich von Sri Lanka und Südindien gelegen. Das Land erstreckt sich in einer Länge von 820 Kilometern bis kurz unter den Äquator.

Geografie
Ein Archipel aus etwa 26 Atollen sehr unterschiedlicher Größe mit ungefähr 1190 Inseln. Von diesen sind 200 bewohnt weitere 90 sind schon, oder werden bald Resort-Inseln werden. Alle Inseln liegen nur knapp über dem Meeresspiegel. Der höchste Punkt im Land erhebt sich drei Meter über dem Meer, wobei die meisten Inseln jedoch weniger als eineinhalb Meter über dem Meeresspiegel liegen.

Bevölkerung
Etwa 280 000 Einwohner, von denen ca. 80,000 in Malé, der Hauptstadt, wohnen. Jeder hier ist Muslime (Sunni) und spricht Dhivehi, wobei die südlichen Inseln einen deutlichen Dialekt haben.

Währung
Maledivische Rufiyaa. Das Zahlungsmittel für Touristen ist jedoch in erster Linie der US-Dollar. Der Wechselkurs wurde schon vor langer Zeit auf 11,72 Rufiyaa je Dollar festgelegt. Für tausende von Jahren war die Cowrie Muschel (Cyprea Moneta) Zahlungsmittel. Sie wurde auf den Malediven gezüchtet und kam von hier in die ganze Welt.

Klima
Die Temperaturen liegen konstant zwischen 26° C und 30° C. Zwei klar zu erkennende Jahreszeiten teilen das Jahr. Der Nordost-Monsun dauert von Dezember bis April. Dies ist die touristische Hochsaison mit sehr geringen Regenfällen, strahlend blauem Himmel und endlosen Sonnenstunden. Der Südwest-Monsun dauert von Mai bis November. Während dieser Zeit ist es generell immer noch trocken und sonnig, obwohl es sporadisch Regenfälle und eine dichte Wolkendecke gibt (selten lange genug, um einen Urlaub zu verderben). Wenn sich die Monsunwinde drehen ist das Wetter ein paar Wochen rauh und regnerisch.

Kleidung
Lockere, leichte Baumwollkleidung ist ideal. Auf den Resort Inseln wird jede Länge von Hosen, Oberteilen und Badekleidung akzeptiert, Nacktheit aber ist verboten. Für den Abend mögen manche Gäste vielleicht auch etwas elegantere Kleidung mitbringen. Wenn man eine bewohnte Insel besucht oder einen Ausflug nach Malé unternimmt, ist es aus Achtung vor den Sitten der Malediver empfehlenswert, lange aber ruhig zwanglose Kleidung zu tragen.

Lokalzeit
MEZ + 5 Stunden

Geschäftszeiten
7.30 – 14.30 Uhr für öffentliche Ämter und Behörden, 9.00 – 23.00 Uhr für die meisten Geschäfte.

ANKUNFT

Flughafen

Genauso wie jede Resort Insel meist nur ein einziges Hotel beherbergt, so besteht Hulhule nur aus einem Flugplatz. Er liegt wie ein vor Anker liegender Flugzeugträger einige hundert Meter von der Küste Malés entfernt. Folgende internationale Fluglinien und Chartergesellschaften fliegen Malé an: Aeroflot, Air Europe, Air Holland, Air Madeira, Sri Lankan Airlines, Airtours International, Air 2000, Australian Airlines, Balair, Balkan Airlines, Britannia, Condor, Cross Air, Emirates, Eurofly, Indian Airlines, Lauda Air, LTU International Airlines, Malaysian Airlines, Monarch Airways, Pakistan International Airlines, Singapore Airlines.

Zoll- und Einreiseformalitäten

Ein volles Flugzeug bedeutet zwar einige Minuten anstehen bei der Einreise, die Formalitäten selbst aber sind einfach. Jeder bekommt ein kostenloses 30 Tage Besuchervisum. Wenn Sie vor kurzem in einem Land gereist sind, in dem ansteckende Krankheiten gemeldet wurden, müssen Sie gegebenenfalls ein Impfzeugnis vorweisen. Für die Malediven selbst sind keine besonderen Impfungen erforderlich. Erfreulicherweise ist anzumerken das es im Land keine Malaria gibt. Einfuhr und Besitz von Alkohol, Drogen, Pornografie und Götzenbildern ist verboten. Personen, die mit illegalen Drogen erwischt werden, werden besonders hart bestraft. Andere nicht erlaubte Gegenstände werden konfisziert und dem Gast bei seiner Ausreise wieder ausgehändigt.

Keine Buchung

Man braucht seinen Urlaub zum Zeitpunkt der Ankunft im Land noch nicht gebucht zu haben, aber mein guter Rat ist, nicht ohne Buchung anzureisen. Der einfache Grund ist, daß Sie weit mehr für Ihren Urlaub bezahlen werden, wenn Sie nicht im voraus gebucht haben. Die Reiseveranstalter und Reiseagenturen geben einen Teil der Rabatte, den Sie von den Resorts bekommen an ihre Kunden weiter. Wenn Sie ihren Urlaub am Flughafen organisieren, bedeutet das, daß Sie wahrscheinlich den höchstmöglichen Preis dafür bezahlen. Wenn Sie trotzdem ohne einen im voraus gebuchten Urlaub am Flughafen ankommen, können Sie entweder zum Informationsschalter des Tourismusministeriums gehen, einen der vielen, vor dem Gebäude aufgereihten Resort-Counter aufsuchen oder mit den Vertretern der einheimischen Reiseagenturen verhandeln. Es wird aber keine "Schnäppchen" geben.

Transfer

Sofern sie eine Buchung haben, werden Sie von einem Vertreter Ihrer Reisegesellschaft oder des Resorts vor dem Hauptgebäude erwartet. Diese organisieren den Transfer zu Ihrem Resort. Es gibt drei verschiedene Möglichkeiten von der Flughafeninsel zu Ihrem Resort zu kommen: Mit dem Dhoni (einheimisches Boot), mit dem Schnellboot oder per Flugzeug. Die Entfernung zu Ihrer jeweiligen Insel bestimmt hier in der Regel die Wahl des Verkehrsmittels. Die Krönung der Transfermöglichkeiten ist der Flug in einem Wasserflugzeug an einem wolkenlosen Tag. Es ist unwahrscheinlich, daß sie jemals wieder etwas vergleichbar Schönes erleben werden. Die größte Wasserfluggesellschaft auf den Malediven heißt "Maldives Air Taxi" und sie fliegt Sie zu all den Resorts, die auf den folgenden Seiten das Banner der Fluggesellschaft tragen.

DIE RESORTS

Von den zur Zeit 89 Resorts im Land, ist immer das Eine oder Andere aufgrund von Renovierungsarbeiten und/oder Besitzerwechsel vorübergehend geschlossen. Dieser Führer beschreibt nur die geöffneten Resorts. Sobald die neuen und renovierten Resorts geöffnet werden, werde ich diese inspizieren, fotografieren und in die nächste Ausgabe mit aufnehmen.

Worin unterscheiden sich die Resorts?

Es ist erstaunlich, wie verschieden die Resorts sein können. Ebenso erstaunlich ist es, wie beinahe jeder, der auf die Malediven kommt, eine wunderbare Zeit verbringt, egal wo er landet. Aber wenn Sie sich einige Gedanken darüber machen, was Ihnen auf Ihrer Insel ganz besonders wichtig ist und was Sie lieber nicht vorfinden möchten, dann studieren Sie vorher dieses Buch und Sie sind auf dem besten Weg zu ein paar wahrhaft unvergesslichen Wochen. Hier ist eine Liste der Dinge, die Sie beachten sollten, wenn Sie nach Ihrem idealen „Urlaubsversteck“ suchen:

Einige Inseln versuchen, eine multikulturelle Mischung zu schaffen, aber die meisten Resorts tendieren dazu, sich auf eine Nationalität zu spezialisieren. Einige Resorts sind z.B. ganz in italienischer Hand, und auch wenn von den sonstigen Voraussetzungen alles paßt, kann es ein Fehler sein, wenn Sie Ihren Urlaub gerade dort verbringen.

Obwohl es auf jeder einzelnen Insel eine Tauchstation gibt und so etwas wie ein schlechter Ort zum Tauchen in diesem Land nicht existiert, so sind die Angebote für Taucher doch von Insel zu Insel sehr verschieden. Dort, wo man sich speziell auf Taucher eingerichtet hat, werden mehr Tauchgänge angeboten und es gibt auch besondere Angebote wie beispielsweise Nachttauchen, Nitrox-Tauchen und Ganztagessafaris etc. Außerdem treffen sie auf viele Tauchfreunde, mit denen Sie Ihre Erlebnisse teilen können. Wenn Sie ein begeisterter Taucher sind, dann sollten Sie dies bei der Reiseplanung berücksichtigen.

Sollten Sie nicht tauchen wollen, aber ein begeisterter Schnorchler sein, dann sollten Sie ein Resort aussuchen, das von einem nah am Ufer gelegenen Riff umgeben ist.. Viele verschiedene Fische finden sich dort, wo das Riff steil abfällt. Wenn Sie Anfänger oder ein ängstlicher Schwimmer sind, dann wird Ihnen jede einigermaßen große Lagune genügen. Ein steiler Riffabfall in der unmittelbaren Nähe wäre in diesem Fall nicht ideal.

Wenn Sie Wassersport treiben wollen, dann ist eine tiefe Lagune am besten. Wassersportexperten sollten aus den wenigen Resorts auswählen, die große Anlagen und aktives Personal haben. Ich habe versucht, diese im Buch aufzuzeigen.

Möchten Sie noch eine Menge anderer Menschen zu Spaß, Spielen und Abendunterhaltung um sich haben, suchen Sie ein privates Plätzchen und oder gehen Sie früh zu Bett? Die Malediven sind für alles gut, aber lesen Sie genau nach, damit Sie keinen vermeidbaren Fehler machen.

Bei einer Reihe von Inseln braucht man nur ein paar Minuten, um sie zu umrunden. Andere wiederum sind verhältnismäßig groß. Manche haben kaum Vegetation und Kokospalmen (aber wunderbare Strände), andere verfügen über alles überragendes Grün im Innern und malerische, sich über das Wasser neigende Palmen (aber vielleicht auch unansehnliche Buhnen und Mauern im Wasser).

Die Malediven sind eines der wirklich großartigen Urlaubsziele der Welt. Der Facettenreichtum sowohl über, als auch unter Wasser, wird Sie nicht mehr loslassen. Sie werden immer wieder zurückkommen und ein Resort nach dem anderen aufzusuchen, um ihr persönliches Paradies zu finden. Wenn es sich wirklich auf dieser Erde befindet, dann mag es vielleicht hier sein, irgendwo.....

MALÉ

Man sagt es gebe zwei Malediven, Malé und den Rest des Landes. Jeder Vergleich zwischen dem einfachen, ruhigen Leben der Inseln und der ehrgeizigen Vitalität dieser winzigen Hauptstadt wird von Jahr zu Jahr schwieriger. Malé ist der Trichter durch den beinahe die gesamte politische, soziale und wirtschaftliche Tätigkeit fließt und zu den Fischerinseln tröpfelt. Malé ist so reich, so modern und so vorausdenkend wie andere Orte in Südasien. Ein halbtägiger Besuch wird Ihnen die Atmosphäre des Ortes vermitteln und Ihnen die Möglichkeit geben, die historischen Höhepunkte zu besichtigen und ein wenig einzukaufen.

Alles Sehenswerte liegt günstigerweise nur ein paar Gehminuten vom Anlegesteg entfernt. Das umgebende Ufer selbst bietet einen angenehmen Spazierweg, ein paar Restaurants, Platz zum Ausruhen und das geschäftige Marktviertel mit dem nicht zu versäumenden Fischmarkt ist von hier aus bequem zu erreichen. Gleich dahinter liegen die historischen Sehenswürdigkeiten: Die schöne moderne Moschee, die alte Freitagsmoschee, der erste Präsidentenpalast, das Museum und der Sultan Park. Ein ortskundiger Führer ist eine große Hilfe, wenn man diese Plätze richtig kennenlernen will. Aber hüten Sie sich vor denen, deren Hauptziel es ist, Sie so schnell wie möglich in eines der vielen Geschäfte zu locken (Diese bekommen dort Provision). Aufdringliche Händler sind in Malé zu einem Übel geworden, das Sie getrost ignorieren sollten.

Einkaufen auf den Malediven kann lohnenswert sein. Einerseits ist dies wahrscheinlich der günstigste Ort Südostasiens, um gute elektronische Waren, Uhren und Kameras zu kaufen, andererseits gibt es eine große Auswahl an Souvenirs, um die es zu handeln lohnt. Nach einer über achthundert Jahre langen Tradition, ist der Handel mit Schildpatt Produkten heute illegal. Was Sie jetzt noch in den Geschäften sehen, sind Restposten aus dieser Zeit. Vom Kauf wird dringend abgeraten. Sehr freundliche und kompetente Beratung erhalten sie bei den beiden größten Souvenir Spezialisten in Mále: *"Najaah Art Palace"* und *"Souvenirs"*.

TAUCHEN

Fast alle Tauchgänge auf den Malediven sind sogenannte "drift dives" (Treibtauchgänge). Das ist eine wunderbar mühelose Art, die Unterwasserwelt vorbeiziehen zu sehen. Da die in das Atoll kommende Strömung frisches klares Wasser mit sich bringt, kann die Sicht bis zu fünfzig Meter betragen und die großen Meerestiere stehen beinahe Schlange, um Sie vorbeiziehen zu sehen. Andererseits besteht auch immer die Gefahr, so klein sie auch sein mag, daß die Strömung Sie aus dem Atoll treibt und in die Tiefe zieht. Es ist Aufgabe des Tauchlehrers (oft mit Hilfe eines erfahrenen Bootsführers), die örtlichen Bedingungen abzuschätzen, bevor ein Taucher ins Wasser springt. Es ist der Professionalität der Tauchzentren zu verdanken, daß Unfälle extrem selten vorkommen und stattdessen wunderbare Tauchgänge an der Tagesordnung sind.

Die Korallen

Den Korallen haben die Taucher früherer Zeiten nur wenig Beachtung geschenkt. Es waren die Fische, die man sehen wollte. Dann - 1998 - blichen die Korallenbänke auf einmal in großem Umfange aus. Grund hierfür war der Anstieg der Wassertemperatur im indischen Ozean. Mit einem Mal bemerkte man, daß dort, wo einstmals bunte Farbenvielfalt herrschte, nur noch abgestorbene, graue Steinwände zu sehen waren. Der Fischbestand hat sich zu keiner Zeit verringert, aber mit den Korallen war ein Teil der Faszination und Schönheit des Tauchens vergangen. Jetzt sind die Korallen weitgehend zurückgekehrt. Die Taucher konzentrieren sich nicht mehr nur auf die Fische, sondern auch auf die wieder wachsenden Korallen. Ein Feld junger, rosafarbener, weicher, sich in der Strömung wiegender Korallen ist ein Augenschmauß und genauso schön wie der Anblick von weißen, jugendlichen, harten Korallen, die aus den Spalten von alten Hirnkorallen herauswachsen. Selbst für die

Malediven ganz neue Korallenarten werden nun entdeckt und bestimmt.

Die Fische

Auf den Malediven herrscht eine größere Artenvielfalt als irgendwo anders auf der Welt: Neben den unzähligen kleinen Fischarten kann man Walhaie, Mantas, Schildkröten, Napoleon- und Thunfische, etc. sehen. Gesetze und Verordnungen schützen diese Fische und ihre Umwelt. Zwar haben auch die meisten anderen Tauchregionen ihre Gesetze und Verordnungen, auf den Malediven jedoch werden sie eingehalten, was nicht die Regel ist. Darüber hinaus hat man auf den Malediven das Glück, nicht mit den Anforderungen einer großen, schnell wachsenden Bevölkerung fertig werden zu müssen. Was Sie hier vorfinden, ist ein wahres Taucherparadies. Bitte tragen Sie dazu bei, daß es so bleibt.

Tauchzentren

Jedes Resort hat sein eigenes Tauchzentrum. Die Ausrüstung ist durchweg neu oder fast neu. Man benutzt Spitzenmarken, und die Geräte werden erstklassig gewartet. Sie können getrost alles ausleihen, was Sie benötigen. Wenn Sie Ihren eigenen Taucherantug mitbringen wollen und sie nicht mehr als einen Tauchgang pro Tag planen, so genügt ein Stärke von 3 mm. Die Wassertemperatur liegt konstant zwischen 27° C und 32° C. Worin sich die Tauchzentren unterscheiden können, ist der Service. Ich meine damit nicht nur, die Körbe ins Boot ein- und auszuladen und am Abend mit den Gästen zu sprechen, sondern besonders die Information und Präsentation über den einheimischen Lebensraum, die Zahl der Taucher pro Boot/Tauchlehrer, die Vielfalt der täglich angebotenen Tauchgründe, die Art des Tauchens (Mehrfachtauchgänge, Ganztages-, Nitrox-, Nachttauchen, usw.) und die Bemühungen die unternommen werden, um den Leistungsstand und die Vorlieben von neuen Gästen kennenzulernen und sich darauf einzustellen. Die Webseite der Tauchfirma ist ein erster Anhaltspunkt, um herauszufinden, was angeboten wird, und dann ist es eine Sache von Mund-zu-Mund Propaganda und gutem Ruf.

Angaga

Flug.....30 Min.
Schnellboot.......n/a
Dhoni.......n/a

Ari Atoll, südlich

Angaga ist eines der besten Resorts-zumindest von der äußeren Erscheinung her. Der weite Strand zieht sich, ungestört von Bungalows, Mauern, Steinwällen oder strohgedeckten Sonnendächern, um die ganze Insel herum. Von zwei Dritteln der Insel ist das Riff nicht weit entfernt, am anderen Drittel befindet sich eine große, sanft abfallende, sandige Lagune. Große, schlanke Palmen gibt es im Überfluss. Die Gebäude haben eine gute und unaufdringliche Architektur.
Und warum also ist es nun nicht die perfekte Insel? - Weil sie in den letzten paar Jahren weder gut in Schuß gehalten, noch gut verwaltet wurde. Die Einrichtungen und der Service ließen nach. Im Jahr 2000 wurde die Insel von den Besitzern von Thulagiri aufgekauft und derzeit findet ein stetiger Prozess der Renovierung statt. In einigen Jahren sollte diese Insel daher wieder zu den besten gehören.

Wenn man sich der Insel nähert, sind nur die Zwillingsdächer der Bar und des Restaurants zu sehen. Sie sind mit Stroh gedeckt und wie der Rumpf zweier umgedrehter Dhonies elegant geformt. Unter dem hohen Dach ist ein weißer Sandboden. In der Bar finden sich bequeme Sitze und auch das Restaurant bietet viel Platz zwischen den Tischen (es gibt sogar einen besonderen Platz für Flitterwöchler). Das Essen ist durchweg gut. Frühstück und Mittagessen sind vom Buffet, das Abendessen ist ein Menü. Es gibt nur Vollpension, obwohl auch eine gesonderte Snack Bar für kleine Imbisse existiert. (alternativ zum Menü wird hier abends auch Hummer angeboten).

Die 50 Zimmer haben alle die gleiche gute Ausstattung: Warm- und Kaltwasser, Klimaanlage und Kühlschrank für selbst gekaufte Getränke. Jedes Zimmer hat auf seiner großen, schattigen Veranda eine traditionelle Schaukel. Innen sind die Zimmer einfach gehalten, das Bad ist teilweise zum Himmel offen. Der Eindruck war sehr gut, wenn nicht bei meinem Besuch aus Wasserhahn und Dusche eine Mischung aus entsalztem- und Salzwasser gekommen wäre. Das war eine große Enttäuschung, obwohl mir inzwischen versichert wurde, daß kein Salzwasser mehr benutzt wird.

Ein großes Plus ist der direkte Zugang zum wunderschönen Strand von jedem Zimmer aus. Gleich dahinter kann man am Hausriff gut schnorcheln und tauchen. Nur eine kurze Bootsfahrt entfernt liegt Angaga Thila (eine Korallensäule). Hier stößt man auf eine außergewöhnlich große Anzahl

Relativer Preis: 8

Zimmerdichte zu Inselgröße: 4

verschiedener Fischarten, u.a. auch den grauen Riffhai. Davon abgesehen sind die bekannten Tauchgründe aber sehr viel weiter entfernt.

Es gibt ein komplettes Veranstaltungsprogramm mit Ausflügen und Hochseefischen, obwohl nicht viel Werbung dafür gemacht wird. Die Abendunterhaltung ändert sich, je nach den Wünschen der Gäste von Woche zu Woche.

Die meisten Besucher kommen aus Deutschland, es gibt allerdings auch eine stattliche Anzahl von Italienern, Briten und Australiern.

Trotz der hoffentlich nur vorübergehende nachlassenden Qualität ist dieses Resort meistens voll belegt. Der Grund dafür ist offensichtlich: Es besitzt ein gutes, sich stetig erholendes, nahegelegenes Riff, eine abwechslungsreiche Lagune und einen der besten Strände des Landes, der um die ganze Insel herumreicht.

Ferienanlage *tel:* 450520 *fax:* 450520
email:

Dose Bier:	$4.95	Halbtags-Inselhüpfen:	$20
Lime juice:	$3.30	Fischen bei Sonnenuntergang:	$10
Mineralwasser:	$4.40		

Tauchzentrum Divebase Angaga

Ein Tauchgang, gesamte Ausrüstung:	$49
Sechs Tauchgänge, gesamte Ausrüstung:	$318
Zertifizierter Tauchkurs:	$465

Ari Beach

Flug.......20 Min.
Schnellboot......180 Min.
Dhoni.......n/a.

Ari Atoll, südöstlich

So geht man von der Südspitze zur Nordspitze

dieser Insel, so kommt man stetig in eine gehobenere Klasse. Von den Standardzimmern führt der Weg vorbei an der Rezeption und den Superior und Superior deluxe Zimmern, bis hin zu den rund viermal so teureren Pfahlbungalows des neuen "Watervillage". Dieses neue Dorf namens Dhidhoo Finolhu wird übrigens als separates Resort behandelt und verkauft. Es gibt allerdings freien Zugang zwischen den beiden Hotelanlagen und die Bar auf Dhidhoo ist der Ort, an dem abends am meisten los ist.

Ari Beach war eines der ersten Resorts auf dem Ari Atoll, und obwohl es langsam anfängt etwas abgenutzt zu erscheinen, bleibt es dem orginal maledivischen Konzept treu, die Dinge

schlicht zu halten und die Natur so wenig wie möglich zu verändern. Die einheimischen Baumaterialien, wie Koralle, Holz, geflochtene Palmwedel und Palmdächer werden sehr geschickt eingesetzt. Dies fällt besonders in der hübschen, dem Sonnenuntergang zugewandten Bar auf, die auch als à la Carte Restaurant dient.

Die Standardzimmer sind sehr einfach, wurden aber neu ausgestattet und sind durchaus zufriedenstellend (Klimaanlage, Telefon und Krug mit Trinkwasser, kein Warmwasser). Die Superior-Zimmer sind ähnlich, haben aber eine Minibar, Warmwasser in einer reizvollen, nach oben offenen Dusche und liegen dem Strand zugewandt. Die Superior De Luxe sind einzigartige Gebäude in Nur-Dach Form die wie die Bootsschuppen auf den bewohnten Inseln aussehen. Sie sind größer und liegen etwas abgeschieden, an einem besseren Strandabschnitt. Es ist traurig, aber scheinbar unvermeidbar, daß man hier, wie auch anderswo, Sand aus der Lagune gepumpt und unauffällige Buhnen gebaut hat, um das zu erhalten, was einstmals lange Strände feinsten Sandes waren.

Die Zimmer des Dhidhoo Finolhu Wasserdorfes sind einfach herrlich. Mit sich

Relativer Preis: 10 6

7

Zimmerdichte zu Inselgröße:

nach außen neigenden Wänden sehen sie wie das Offiziersquartier einer alten Galeere aus. Die Inneneinrichtung besteht aus einer äußerst geschmackvollen Mischung von hellem Nadel- und gemasertem, dunklen Kokospalmenholz, weißen Baumwollstoffen und einem Kelim auf dem Boden. Es gibt drei Doppelsuiten und sogar zwei etwas abgelegene Flitterwochen-Bungalows, die nur per Boot erreicht werden können.

Die Sonnendecks der Wasserbungalows sind vor den Blicken der Nachbarn verborgen und haben eine eigene Treppe hinab ins Wasser. Die Lagune ist hier bei Ebbe allerdings sehr seicht. Der beste Platz um zu Schwimmen und Wassersport zu treiben ist auf der anderen Seite der „Hauptinsel". Hier gibt es genügend Strand und die Filiale der voll ausgerüsteten und sehr agilen "Boomerang" Wassersport Station läßt keine Wünsche offen.

Die Insel gehört zum Südost Ari-Atoll, womit die Tauchmöglichkeiten zu den Besten in der Region gehören. Und obwohl das Tauchzentrum klein ist, so ist es doch erstaunlich komplett ausgestattet. Es bietet nicht nur Nitrox-Gas, sondern es ist auch ein Fünf-Sterne Ausbilderzentrum.

Italiener sind auf Dhidhoo am zahlreichsten vertreten und die Briten stellen die größte Zahl auf Ari Beach. Die Deutschen stehen beides Mal an zweiter Stelle, die Franzosen an vierter. Und das alte gemütliche Motto "no news,no shoes" (keine Nachrichten, keine Schuhe) gilt zwar noch immer für die Hauptinsel, jedoch nicht mehr ganz für das etwas förmlichere Dhidhoo.

Ferienanlage *tel*: 445367 *fax*: 445366
email: aribeach@dhivehinet.net.mv

Dose Bier	$2.65	Halbtags-Inselhüpfen:	$20
Lime juice:	$1.60	Fischen bei Sonnenuntergang:	$20
Mineralwasser:	$4.25		

Tauchzentrum EuroDivers

Ein Tauchgang, gesamte Ausrüstung:	$44
Fünf Tauchgänge, gesamte Ausrüstung:	$208
Zertifizierter Tauchkurs:	$337

Asdu Sun Island

Flug.....n/a
Schnellboot....95 Min.
Dhoni.....n/a

Nordmalé Atoll

DIESE INSEL IST EIN VERSTECKTES JUWEL. DIE Anlage, für die keinerlei Werbung gemacht wird, liegt im Norden des Nord Male Atolls versteckt und ist ein leuchtendes Beispiel für den echten maledivischen Stil.

Dieser steht hauptsächlich für ein Minimum an Entwicklung. Es gibt gerade einmal 30 Zimmer und nur ein einziges Gebäude für Empfang, Bar und Restaurant. Hier findet man kein zweites Restaurant oder einem separaten Coffee-Shop, kein Satellitenfernsehen oder Karaoke Raum, keinen Swimming-Pool und auch keinen Tennisplatz.

Sogar das Personal ist auf ein Minimum beschränkt. Viele der Ober gehen auch fischen, jeder hilft beim Fegen am Morgen und der Barmixer weiß auch über die Buchungen Bescheid. Alles läuft reibungslos unter den wachsamen Augen von Ahmed Ismail und seiner Frau, die die Insel besitzen, führen und auch bewohnen.

Die Gäste hier sind etwas älter als der Durchschnitt und haben sich meist schon aus dem Berufsleben zurückgezogen. Die Mehrheit bilden Italiener, während der Rest zum größten Teil aus der Schweiz und Frankreich kommt. Aber natürlich ist jedermann willkommen.

Ungefähr die Hälfte der Zimmer wird durch Tropic Tours (Italien) belegt, die anderen vergibt Ahmed Ismail meistens per Fax oder E-mail an alte Freunde, neue Freunde oder Freunde von Freunden. Es ist diese spezielle Art von Ort, an dem fast jeder zum Anlegesteg geht, um seine neugewonnenen Freunde zu verabschieden oder mit einer Gruppe Abreisender an deren letztem Morgen noch vor Sonnenaufgang aufsteht.

Alle Zimmer sind gleich und nur wenige Meter vom Wasser entfernt. Sie sind ein wenig höher und größer als üblich. Es gibt hier zwar Telefon aber kein Warmwasser und keine Klimaanlage. Dafür halten Lamellenfenster die Sonne ab und mit dem vergitterten Bereich gleich unterhalb des Daches lassen sie eine luftige Brise durch die Räume streichen. Eine praktische und elegante Lösung, verwirklicht aus einheimischem Holz, Kokosfasern und Palmenmatten.

Relativer Preis: 9

Zimmerdichte zu Inselgröße: 6

Die innerhalb des Atolls gelegenen Inseln haben meistens kleinere Lagunen und bessere Strände als die an der Außenseite gelegenen, und Asdu macht da keine Ausnahme. Es gibt hier mehrere Strandabschnitte, die durch hervorstehendes Gebüsch oder niedrige Korallenwälle von einander getrennt sind und es sogar auf einer so kleinen Insel möglich machen, ungestört zu sein. Das Schnorchelrevier ist ausgezeichnet und die Riffkante nicht weit entfernt.

Erfreulich niedrig sind auch die Getränkepreise (Bier $2,65, Lime-juice $ 1,60 und eine Flasche Wein gibt es ab $10) und die Wäscherei ist sogar kostenlos. Es fällt angenehm auf, nicht immer für alle kleinen Extras zur Kasse gebeten zu werden.

Von Asdu aus kann man nur zwei Inseln am Horizont sehen: Die Urlaubsinsel Meerufenfushi und die bewohnte Insel Dhiffushi. Man hat das Gefühl, ganz allein im Indischen Ozean zu sein. Mit seiner naturbelassenen Umgebung, seiner Einfachheit und seiner friedlichen Atmosphäre bietet Asdu einen Zauber, den man erlebt haben muß, um ihn zu verstehen.

Ferienanlage *tel:* 445051 *fax:* 440176
email: info@asdu.com

Dose Bier	$2.65	Halbtags-Inselhüpfen:	$15
Lime juice:	$1.60	Fischen bei Sonnenuntergang:	$15
Mineralwasser:	$4.25		

Tauchzentrum Sub Maldive

Ein Tauchgang, gesamte Ausrüstung:	$52
Sechs Tauchgänge, gesamte Ausrüstung:	$302
Zertifizierter Tauchkurs:	$400

Flug.......25 Min.
Schnellboot.....n/a
Dhoni.......n/a

Athuruga

Ari Atoll, zentral

Athuruga ist die Zwillingsinsel der

nahegelegenen Insel Thudufushi. Was sich über die eine Insel sagen läßt, gilt grundsätzlich auch für die andere. Vorab sei jedoch schon einmal festgehalten, daß beide Inseln Spitzen-Resorts sind.

Erwähnenswert ist, daß der Urlaub hier "all-inclusive" ist. Diese immer populärer werdende Möglichkeit hat auf verschiedenen Inseln allerdings eine unterschiedliche Bedeutung; bei einigen ist deutlich weniger im Preis enthalten, als bei anderen. Auf Athuruga bedeutet es, daß alle Getränke - bis auf Whisky und Champagner - zu jeder Tageszeit und in jeder Menge frei sind. Ein Picknick, einmal Inselhüpfen und einmal Angeln bei Sonnenuntergang sind ebenfalls inbegriffen. Der Verleih der Schnorchelausrüstung ist kostenlos, wie auch die Benutzung der Kanus, Windsurfbretter und Katamarane. Wasserski und Hochseefischen sind ebenfalls möglich, jedoch nicht im Preis enthalten.

Die Programme wie Nachtfischen, Inselhüpfen und andere übliche Events und Ausflüge (und einiges mehr) wechseln wöchentlich und werden durch Aushänge an der Rezeption bekannt gemacht.

Ungewöhnlich ist, daß es keine Mindestteilnehmerzahl für Ausflüge gibt. Wenn also ein Pärchen allein zu einer anderen Insel fahren möchte, so wird auch das für sie organisiert (US $15). Dieser ausgezeichnete persönliche Service ist am Info-Brett am Empfang angeschlagen und auf das aufmerksame und einfühlsame Management zurückzuführen.

Zur Hochsaison sind überwiegend Italiener sowie eine gewisse Anzahl von Deutschen und Briten hier. Für den Rest des Jahres stellen die deutschsprachigen Urlauber die Mehrheit. Eine stattliche Anzahl Briten steht an zweiter Stelle.

Die Ferienanlage wird so gut gewartet und gepflegt, daß sie auch nach sieben Jahren Betrieb noch immer aussieht, als wäre sie gerade eröffnet worden. Die aus massivem Holz und Korallen gebauten Häuser strahlen eine gediegene Atmosphäre aus. Die Gemeinschaftsgebäude sind groß und geräumig und es gibt sogar ein 'Theater' und eine Tanzbühne, auf der das Personal jeden Abend ein Laienkabarett aufführt.

Es gibt 42 identisch eingerichtete Zimmer, die alle den gleichen hohen Standard aufweisen. Jedes Zimmer hat seinen eigenen Strand, der aber nicht immer besonders breit ist (und teilweise durch niedrige Steinwälle unterbrochen wird). Der wirklich gute Strand ist auf der Seite mit der Hauptanlegestelle gelegen. Hier sind auch das "Theater", die Bar und das Restaurant mit Freiluft-Café. Die Lagune auf dieser Seite ist klein, so daß das herrliche Hausriff leicht schwimmend erreicht werden kann. Auf der gegenüberliegenden Seite der Insel ist die Lagune sehr groß und sandig, was wiederum für Kinder und zum Herumpaddeln ideal ist.

Die Tauchschule "The Crab" sieht so funkelnagelneu aus wie der Rest der Anlage, und sie wird ebenso gut geführt. Maledivische Helfer packen und tragen hier die gesamze Ausrüstung für Sie und waschen und hängen diese nach dem

Relativer Preis:

5

8

Zimmerdichte zu Inselgröße:

Tauchen auch wieder zum Trocknen auf. Da die Insel in der Mitte des Atolls liegt, muß man eine längere Bootsfahrt auf sich nehmen, doch einer der besten Thila Tauchgänge am nahegelegenen Atoll entschädigt für alles. Am Atabu Thila, einer großen Korallensäule, kann man u.a. mit den schnellen und kräftigen Thunfischen und den grauen Riffhaien schwimmen.

Insgesamt vermittelt die Insel manchmal ein etwas "zugebautes" Gefühl, d.h. es gibt viele größere Gebäude, die sich auf der kleinen Insel zusammendrängen. Doch wen das (und die Musikanlage im Zimmer) nicht stört, der wird es schwer haben, eine gleichsam hochqualitative Ferienanlage mit einem besseren Preis-Leistungs-Verhältnis zu finden.

Ferienanlage *tel:* 450508 *fax:* 450574
email: athadmin@dhivehinet.net.mv

Dose Bier	incl.	Halbtags-Inselhüpfen:	$15
Lime juice:	incl.	Fischen bei Sonnenuntergang:	$15
Mineralwasser:	incl.		

Tauchzentrum The Crab

Ein Tauchgang, gesamte Ausrüstung:	$55
Sechs Tauchgänge, gesamte Ausrüstung:	$300
Zertifizierter Tauchkurs:	$480

Bandos

Flug.......n/a
Schnellboot.....20 Min.
Dhoni.......n/a

Nordmalé Atoll

Bandos ist eine der grössten und ältesten Urlaubsinseln auf den Malediven. Das Geheimnis seines fortwährenden Erfolgs ist die Verbindung der entspannten, lockeren Atmospähre eines typischen maledivischen Urlaubsortes mit all den Annehmlichkeiten und Möglichkeiten, die man von einer großen Insel in der Nähe von Malé erwartet.

Es gibt alles, angefangen von einem Tagungszentrum über ein Schwimmbad bis hin zu einem größtmöglichen Angebot an sportlichen Aktivitäten. In der Mitte der Insel ist ein Sportzentrum mit Squash, Badminton, Tennis, Snooker, Tischtennis, Darts, Tischfußball, einem Fitness Studio und einem Aerobic Raum. Wenn Sie schon allein vom Lesen Muskelkater haben, gehen Sie in die Sauna oder das Dampfbad oder entspannen sich bei einer Massage.

Da die meisten Urlauber aber lieber faulenzen, werden diese Angebote kaum genutzt. Eltern kommt ein besonderer Service im Zentrum sehr gelegen: Qualifizierte Kindermädchen beschäftigen sich mit den Kindern auf den Spielplätzen drinnen und draußen und passen auch abends auf die Kinder auf.

Verglichen mit anderen Inseln ist Bandos mit seinen Beschäftigungsmöglichkeiten und den vielen anderen Kindern zum Spielen für Familien überaus geeignet. Die gut ausgerüstete Krankenstation ist Tag und Nacht mit einem Arzt besetzt.

Auch nach sechsundzwanzig Jahren Schnorchel- und Tauchbetrieb ist das Hausriff noch immer gut erhalten. Obwohl die Umbauarbeiten der letzten Jahre auch hier ihre Spuren hinterlassen haben, brauchen Sie nur ein kleines Stück hinauszuschwimmen, um eine bunte Vielfalt verschiedenster Fische und Korallen bestaunen zu können

Eines der umgebauten Gebäude ist die

Relativer Preis: 6

6 Zimmerdichte zu Inselgröße:

Tauchschule, die jetzt eine der größten und modernsten Einrichtungen im Land ist und auch die einzige Dekompressionskammer besitzt. Die Tauchgebiete liegen - meistens zum Osten hin - an der Außenseite des Atolls und werden auch von den Tauchbooten der anderen Resorts dieser Region stark frequentiert. Obwohl an diesen Plätzen viel getaucht wird, sind sie immer noch in gutem Zustand und die Taucher haben durch die hereinfließenden Strömungen ausgezeichenete Sichtverhältnisse. Es gibt Thunfische, Barrakudas, Schnappbarsche und Haie, und während des Südwestmonsuns tauchen regelmäßig Mantas auf.

Der Strand erstreckt sich rund um Bandos herum, ist aber nirgends sehr breit. Allerdings wertet ihn das weitgehende Fehlen von Buhnen (insgesamt nur drei) und Mauern im Meer durchaus auf. Das der Strand eher schmal ist, liegt nur daran, daß die Insel einen üppigen Wuchs an Bäumen, Gestrüpp und Büschen aufweist, die willkommenen Schatten spenden.

Die jüngsten Renovierungsarbeiten umfaßten auch weitreichende Garten- und Landschaftsgestaltung und haben deutliche Verbesserungen, wie z.B. einen neuen Rundweg um die Insel, gebracht.

Die meisten der über 220 Zimmer wurden ebenfalls renoviert. Neben den 175 *"Standard Rooms"* gibt es 42 sogenannte *"Junior Suiten" und acht "Suiten"*, die jeweils über einen Außensitzplatz an der Vorderseite verfügen. Obwohl nicht gerade exclusiv, so sind sie doch ziemlich groß und gut ausgestattet, einschließlich Minibar und Telefon, aber ohne TV.

Am Abend ist die "Beachbar" zwischen Strand, Café und Restaurants der Mittelpunkt. Mit niedrigen Korbstühlen auf sandigem Fußboden und viel Kokospalmenholz vermittelt sie eine sehr gemütliche Atmosphäre, die besonders in lauen Mondnächten dazu einlädt, zu verweilen und aufs Meer hinaus zu sehen. Hier gibt es auch eine Tanzfläche, wo regelmäßig Discoabende und Auftritte von guten Life-Bands stattfinden.

Die übrigen Gebäude sind zwangsläufig groß. Eine gewisse intime Atmosphäre findet man abends im Steak- und Fischrestaurant "Harbour Grill" mit Außenplätzen und Blick über die Lagune. Das Essen im ebenfalls vollständig renovierten Hauptrestaurant ist schmackhaft und reichlich.

Bis auf wenige Italiener ist jede Nationalität vertreten, die auf den Malediven Urlaub macht. Das gibt diesem großen, zwanglosen Resort etwas sehr kosmopolitisches.

Ferienanlage *tel:* 440088 *fax:* 443877
email: bandos@dhivehinet.net.mv

Dose Bier	$3.85	Halbtags-Inselhüpfen:	$33
Lime juice:	$3.85	Fischen bei Sonnenuntergang:	$22
Mineralwasser:	$3.85		

Tauchzentrum Dive Bandos

Ein Tauchgang, gesamte Ausrüstung:	$42
Sechs Tauchgänge, gesamte Ausrüstung:	$200
Zertifizierter Tauchkurs:	$440

Banyan Tree

Flug.......n/a
Schnellboot.....25 Min.
Dhoni.......60 Min.

Nordmalé Atoll

Banyan Tree Hotels und Resorts sind ein neues

Unternehmen, das sich schnell in der Nische der kleinen, feinen Hotels in der Welt ausbreitet. Das Banyan Tree auf der Insel Vabbinfaru wurde 1995 eröffnet und stieg sofort in den obersten Rang der Resorts auf.

Hier gibt es alles, was man von einem Fünf-Sterne-Resort erwartet. Was es aber von den anderen unterscheidet, ist das Motto des Unternehmens, das sich in dem Ausdruck "Tempel der Sinne" widerspiegelt. Alles dreht sich um Ruhe und Erholung, und die Methoden sind durchweg asiatisch.

Im Herzen der Insel liegt das Badehaus. Zurückgezogen in diesem ruhigen Zufluchtsort, geben sich die Gäste in von Düften und zarter Musik erfüllter Luft ganz den Händen von Thai Masseurinnen hin. Das einzig schwierige ist, aus einer Liste von sieben verschiedenen Massagen und 19 anderen Körper-, Gesichts- und Schöhnheitsbehandlungen auszuwählen. Die Preise liegen zwischen US $ 10 und $ 45.

Wendet sich das Bad an Tast- und Geruchsinn, so wird auch dem Geschmacksinn große Aufmerksamkeit gezollt. Die Ferien hier beinhalten Vollpension und nur wenige würden auf das großartige Mittagsbuffet verzichten wollen, das draußen unter Palmen aufgebaut ist. Das Abendessen ist sogar noch besser. Am Tisch serviert und mit einer Auswahl für jeden Gang ist dies ***haute cuisine*** auf einer einsamen Insel. Vom Feinsten und unvergleichlich im ganzen Land.

Die abendliche Unterhaltung ist ruhig und dezent. Es gibt kein Karaoke und keine Disco, und wer lange Nächte mit Party und Trinkgelagen sucht, der wird hier enttäuscht. Die große, auf einer Seite offene Bar mit Blick auf die Lagune, besitzt einen Satelliten TV Raum und eine Leinwand für (zum größten Teil Unterwasser-) Filme. Es gibt auch Snooker, Dart, Brettspiele und eine kleine Bibliothek. Der angrenzende Shop kann ruhig auch zu "Unterhaltung" gezählt werden, da es das schickste und bestausgestattetste Geschäft aller Resorts ist.

Tagsüber werden nicht nur die üblichen, sondern auch einige eher außergewöhnlicher Sport- und Unterhaltungsarten geboten. Eine ganze Reihe davon, wie z.B. Nachtfischen, Segeln, Katamarane, Windsurfen, Kanus oder die Strandspiele, sind sogar kostenlos. Wasserski und Hochseefischen verlocken, wie auch ein Abendessen im Mondschein auf einem Glasboden Boot.

Das gepflegte Tauchzentrum besitzt die

Relativer Preis: 2

Zimmerdichte zu Inselgröße: 7

neueste Ausrüstung und wird von einem professionellem Unterwasserfotografen geführt, der Ihnen als besonderen Service z.B. Ihr persönliches Unterwasservideo drehen kann. Da die Insel auf der Innenseite des Atolls liegt, sind die besten Tauchgründe zwar nicht gerade in der Nähe, aber auch nicht allzu weit entfernt. Eine Hälfte des Hausriffs ist etwas heruntergekommen, die andere Seite aber zeichnet sich aus durch Überhänge, Haie, Hummer, Rochen und viele andere Fischarten die dort beobachtet werden können. Die Nachbarinsel Ihuru verfügt ebenfalls über ein hervorragendes Hausriff zum Schnorcheln und Tauchen.

Abgesehen von der Erosion an der Nord-Ost Ecke (wo Sandsäcke, Außenmauern und Buhnen verwendet werden) sind die Strände sehr gut und der Sand ist besonders weiß und feinkörnig. Dieser Sand liegt auch auf den Fußböden aller Gemeinschaftsgebäude und auf den Gehwegen, die sich über die Insel winden, was dem Ort eine gepflegte und zugleich zwanglose Atmosphäre gibt.

Dieses gepflegte, aber legere Aussehen spiegelt sich auch in der Architektur wider, die zwar überaus modern ist, aber dennoch perfekt mit der Umgebung harmoniert. Alle Gebäude sind übrigens indonesisch: Jedes einzelne Stück Palmendach und jede Schnur wurden von dort importiert.

Wollte man kritisieren, so könnte man fragen warum auf einer so kleinen 5-Sterne Insel so viele Villen gebaut worden sind. In jeder anderen Hinsicht ist es ein traumhafter Ort.

Ferienanlage *tel:* 443147 *fax:* 443843
email: reservations@banyantree.com.mv

Dose Bier	$4.50	Halbtags-Inselhüpfen:	$25
Lime juice:	$4.50	Fischen bei Sonnenuntergang:	
Mineralwasser:	$2.50		

Tauchzentrum Banyan Tree Dive Centre

Ein Tauchgang, gesamte Ausrüstung:	$55
Sechs Tauchgänge, gesamte Ausrüstung:	$300
Zertifizierter Tauchkurs:	$545

Baros

Flug.......n/a
Schnellboot.....20 Min.
Dhoni.......50 Min.

Nordmalé Atoll

Baros ist ein hübsches Resort mit einer lebhaften Atmosphäre das in den letzten Jahren stetig die Rangleiter hochgeklettert ist. Die Gartenanlagen, die Zimmer und die Restaurants sind jetzt ausgezeichnet, und der Service gut organisiert.

Unter den 75 Zimmern, sind insgesamt 16 Wasserbungalows. Allesamt attraktiv und solide gebaut aus dunklem Holz, die Wände aus geflochtenen Palmwedeln und die Dächer strohgedeckt, verschmelzen sie nahezu mit ihrer Umgebung. Der Service ist ausgezeichnet. Die Handtücher werden ständig gewechselt und während die Gäste im Restaurant sind, werden die Zimmer in Ordnung gebracht, die Betten gemacht und das Licht gedämpft.

Ist es tagsüber noch ruhig, so wird es am Abend lebhaft. Die große Captain's Bar liegt direkt neben einer großen Tanzfläche, an der viermal pro Woche eine Live-Band bis zum frühen Morgen für Stimmung sorgt.

Obwohl auch Übernachtung mit Frühstück oder Vollpension angeboten werden, haben fast alle Gäste Halbpension gebucht. Der Coffee Shop bietet über den Tag ein reichhaltiges Menü und verwandelt sich abends abwechselnd in ein Steak-House, ein Grill-Buffet oder in ein à la Carte Restaurant. Genauso gut wie dieses oder das Hauptrestaurant ist das kleine Spezialitäten-Restaurant, wo jeden Abend ein internationales Buffet angeboten wird.

Eine Seite des Coffee Shops zeigt nach Westen und lockt am Abend eine Menge Gäste an, die den Sonnenuntergang beobachten und den Rochen im seichten Wasser beim Fressen zusehen wollen. Die Lagune auf dieser Seite, an der sich der Bootssteg befindet, ist groß und sandig (der richtige Platz für das Wassersport Zentrum). Auf den restlichen zwei Dritteln der Insel ist sie klein und Ausläufer der Korallen reichen bis an die Küste heran, so daß man in der Lagune und am Rand des

Relativer Preis:

6

9

Zimmerdichte zu Inselgröße:

Riffs ausgezeichnet schnorcheln kann.

Der einzige Nachteil ist eine Mauer, die ganz um diesen Abschnitt der Insel herum gebaut wurde. Entschuldigend sei gesagt, daß man sie nach einer Weile nicht mehr bemerkt. Sie dient dazu, den Strand das ganze Jahr über hier zu halten. Bisher erfolgreich,denn der Strand ist gut bis sehr gut und fast ununterbrochen.

Generell sind die Briten und Deutschen, die den Großteil der Besucher ausmachen, mit ihrer Wahl zufrieden. Man bekommt den Komfort und die Atmosphäre eines guten Hotels zu einem fairen Preis. Die vielen Blumen, die zuvorkommende Bedienung und die freundliche Atmosphäre tragen zu ein paar vergnüglichen und erholsamen Wochen bei.

Ferienanlage *tel:* 442672 *fax:* 443497
email: sales@unisurf.com

Dose Bier	$4.40	Halbtags-Inselhüpfen:	$30
Lime juice:	$4.40	Fischen bei Sonnenuntergang:	$17
Mineralwasser:	$4.40		

Tauchzentrum Baros

Ein Tauchgang, gesamte Ausrüstung:	$42
Sechs Tauchgänge, gesamte Ausrüstung:	$227
Zertifizierter Tauchkurs:	$406

Bathala

Flug.......20 Min.
Schnellboot.......n/a
Dhoni.......n/a

Ari Atoll, nordöstlich

Bathala ist ein günstiges, kleines und sehr attraktives Eiland, das wie seine Nachbarinseln eher eine Tauchinsel ist.

Fast, jedoch nicht ganz an der Außenseite des Atolls gelegen, hat diese Insel das Glück, nicht nur in unmittelbarer Nähe der großen Tauchgründe zu liegen, sondern auch einen schönen Strand und ein Hausriff zu besitzen. So ist es nur allzu verständlich, daß die meisten Urlauber zum Tauchen hierher kommen.

Die vier Ferienanlagen Bathala, Maayafushi, Ellaidhoo und Halaveli haben den ganzen Nordosten des Ari Atolls für sich. Auf der Innenseite des Atolls sind zwei berühmte Thilas (jetzt geschützte Unterwassergebiete): *Maaya Thila*, als Hauptstadt des Weißspitzen-Riffhais auf den Malediven beschrieben und *Fish Head*, als *der* Beobachtungspunkt für graue Riffhaie bekannt. Letzteres gehört auch zu den zehn besten Tauchgebieten der Welt!

An der Außenseite des Atolls gibt es eine Reihe von zauberhaften Unterwasserkanälen und verschiedene erstklassige Thila-Tauchgänge. Unter anderem sind hier Barrakudas, Thunfische, Wasserschildkröten, Adlerrochen, Napoleonfische und sogar der Hammerhai heimisch.

Zwischen den Bootstauchgängen - oder einfach so - schnorcheln oder tauchen die Gäste am Hausriff. Es ist immer ganz nah. Man kann vom Bootssteg aus eintauchen oder einfach zum Rand des Riffs schwimmen. Dies fällt hier rund dreißig Meter steil ab und ist in ausgezeichnetem Zustand.

Wen wundert es da, daß sich der Rhythmus der Insel dem Tauchplan anpasst: Morgentauchgang, Mittagessen, Nachmittagstauchgang, duschen, am Strand entspannen, Bier, Abendessen, Bett. Wohl

Relativer Preis: 10

7 Zimmerdichte zu Inselgröße:

aus diesem Grund werden organisierte Ausflüge kaum wahrgenommen.

Wer nicht taucht, hat tagsüber den Strand – ob zum sonnenbaden oder im Schatten lesen oder dösen - für sich allein. Und dafür ist der Strand hier wunderbar geeignet. Vom Schatten vor den Zimmern bis hin zur flachen Lagune ist der tiefe Sand fein und weiß. Trotz der normalen, saisonbedingten Erosion zieht er sich durchgängig um die ganze Insel herum.

Die 46 einzelnen Bungalows sind in Standard, Superior und Deluxe aufgeteilt. Alle Zimmer wurden 1996 vom neuen Eigentümer renoviert. Sie sind hell, sauber und einfach aber ausreichend möbliert. Die Standard Zimmer haben keine Klimaanlage und kein Warmwasser (auch in den de Luxe Zimmern war das Wasser nicht wirklich heiß), was aber der einzige Makel ist. Nicht alle Zimmer liegen am Strand; manche stehen etwas zurückversetzt. Die Deluxe Zimmer haben Minibars.

Das Innere der Insel mit dem Servicebereich, einem Beton Fußballplatz für je fünf Spieler und ein paar großen Bäumen ist nicht besonders ansprechend. Kein

Grund also, dort auf dem Weg zum Restaurant oder der Bar zu verweilen. Die Gemeinschaftsgebäude sind auf ein Minimum begrenzt; so dient die Bar auch als Cáfe und Disco. Das Bier für US $ 2.75 ist fair, aber die Flasche Wasser ist zu teuer.

Die meisten Gäste haben Vollpension, einige Halbpension gebucht. Frühstück und Abendessen sind Buffets, das Mittagessen ein Menü, das überraschend gut, und in der Regel aus Fisch und Huhn schmackhaft zubereitet ist.

Verständlicherweise gibt es unter den Gästen eine Menge "Wiederkehrer". Die meisten sind deutschsprachig, der Rest hauptsächlich Briten und Japaner.

Ferienanlage *tel:* 450587 *fax:* 450558
*email:*bir0587@dhivehinet.net.mv

Dose Bier	$2.75	Halbtags-Inselhüpfen:	$12
Lime juice:	$3.30	Fischen bei Sonnenuntergang:	$12
Mineralwasser:	$5.50		

Tauchzentrum Mal-dive Centre

Ein Tauchgang, gesamte Ausrüstung:	$55
Sechs Tauchgänge, gesamte Ausrüstung:	$275
Zertifizierter Tauchkurs: ab	$400

Biyadoo

Flug.......n/a
Schnellboot.....60 Min.
Dhoni.......n/a

Südmalé Atoll

Biyadoo ist - wie ihre Schwesterinsel Villivaru- in erster Linie eine Tauchinsel. Was dieses Resort von den anderen unterscheidet, ist die besondere Qualität der Tauchbasis, die wilde Schönheit der Insel, das Hausriff und die professionelle Leitung des indischen Managements.

Die fruchtbaren Böden von Biyadoo lassen die Kokospalmen höher wachsen als sonst irgendwo im Land. Eine derart gute Erde ist selten auf den Malediven und so hat die Geschäftsleitung zu der Vielfalt der heimischen Palmen und Bäume noch Papaya, Mangos, Zitronen, Guaven, Bananen und vieles andere anpflanzen lassen.

Leider dürfen sich die Gäste nicht überall auf der Insel bewegen. Direkt hinter den Zimmern verläuft ein klar umgrenzter Fußweg, um die ganze Insel herum, dessen innerer Bereich zu betreten für Besucher nicht erlaubt ist. Andererseits ist aber auch alles, was den normalen Urlauber interessiert auf der Außenseite des Pfades. Und das wichtigste konzentriert sich in einen 100m langen Bereich nahe des Hauptanlegestegs.

Wenn Sie vom Wasser her kommen, sehen Sie rechts des Anlegesteges die Tauchbasis und das Wassersportzentrum, den Hauptstrand und das Café, sowie das Restaurant und einen Laden. Links sind die Rezeption, die Lounge und einer der zwei Komplexe mit Zimmern. Der andere ("Sunrise"-Complex) liegt - verbunden durch einen Pfad über die Mitte der Insel - auf der anderen Seite.

Die Tauchbasis ist etwas größer, sonst aber identisch mit der auf Villivaru. Sie gehört zu den modernsten und bestaussehendsten des ganzen Landes. Beide sind PADI fünf Sterne Zentren, die von freundlichem,

Relativer Preis: 9

5

Zimmerdichte zu Inselgröße:

mehrsprachigen Personal geführt werden. Es gibt hier eine Menge Freiheiten für sehr erfahrene Taucher, bis hin zu Tauchgängen über einer Stunde reichen, wenn noch genügend Zeit und Luft vorhanden sind.

Biyadoos Tauchbasis ist so beliebt, daß die Boote viermal täglich voll besetzt rausfahren. Mag das auch abschreckend wirken, so gehört das Tauchen in diesem Gebiet doch zum besten aller Resort - Atolle. Nur eine kurze Bootsfahrt entfernt, schwimmen dichte Fischschwärme um Kandooma Thila herum, sind die weichen Korallen der riesigen Kandooma Höhlen und die Herrlichkeiten des großen geschützten Marine-Parks von Guraidhoo Kandu zu bewundern.

Auch das Tauchen am Hausriff ist verständlicherweise sehr beliebt. Die Korallen um die Insel sind so dicht und so nah, daß man sechs Rinnen hindurchgebrocken hat, um leichten Zugang zu jedem Teil des Riffs zu ermöglichen. Die unterschiedlichsten Fischschwärme, topografische Vielfalt und ein gutes Korallenwachstum - alles in unmittelbarer Nähe - machen dieses Hausriff wirklich zu einem der schönsten der Malediven.

Die Gäste wohnen in zweigeschossigen Gebäuden. Die sechs Blocks zu je acht Zimmern oben und unten (insgesamt 96) haben ausreichend Schatten und Strandfläche. Die Eckzimmer sind etwas größer und bieten mit bis zu vier Betten auch Familien Platz. Da es um die Insel herum mal Strand gibt und mal nicht, hat jeder reichlich Möglichkeiten sein eigenes kleines Strandversteck zwischen Palmen und Büschen zu finden. Erstaunlich für eine Tauchinsel ist die lange Liste der angebotenen Ausflüge.

Das Resort bietet nur Vollpension. Der indische Koch bereitet gute und schmackhafte Gerichte zu. Frühstück und Mittagessen sind Buffets, abends werden nur Menüs mit einer Auswahl an Huhn-, Fisch- oder Fleischgerichten serviert. Alle paar Tage gibt es auf Wunsch ein spezielles Abendbuffet (20 US$).

Ferienanlage *tel:* 447171 *fax:* 447272
*email:*resvn@biyadoo.com.mv

Dose Bier	$2.00	Halbtags-	
Lime juice:	$1.50	Inselhüpfen:	$45
Mineralwasser:	$3.00	Fischen bei	
		Sonnenuntergang:	$20

Tauchzentrum Jürgen Schägger's

Ein Tauchgang, gesamte Ausrüstung:	$37
Zehn Tauchgänge, gesamte Ausrüstung:	$340
Zertifizierter Tauchkurs:	$462

Boduhithi

Flug.......n/a
Schnellboot.....60 Min.
Dhoni.......n/a

Nordmalé Atoll

Boduhiti ist das grösste der fünf Resorts

des "Club Vacanza" im Land und das einzige, das immer noch sehr im „Club Stil" betrieben wird. Die Gäste sind ausschließlich Italiener, die von einem 20 köpfigen Mitarbeiter Team immer wieder dazu animiert werden, an den vielfältigen, organisierten Aktivitäten teilzunehmen.

Die Insel hat eine guten, natürlichen Bewuchs, aber nur zwei nennenswerte Strände. Mehr scheint aber auch nicht nötig zu sein. Der eine Strand liegt um den Hauptanlegesteg herum vor der Bar/Lounge. Dies ist der „laute" Strand, wo man sich zum Surfen und Kanufahren, Tanzen am Strand (zu Musik von der Bar), zu Wasseraerobic und allgemeiner, lebhafter Unterhaltung einfindet.

Der „ruhige" Strand liegt an der Nordspitze der Insel und ist ein weitläufiges Areal weißen Sandes. Auch er ist sehr beliebt, doch gibt es hier weder Boote noch Surfbretter oder Musik. Dies ist der Platz zum Sonnenbaden. Der Rest der Insel ist zumeist mit einer niedrigen, nicht unansehnlichen Korallenmauer umgeben, die gelegentlich von Treppen hinunter zu seichtem Wasser und weichen Sand unterbrochen wird.

Die Lagune ist abwechslungsreich: Meistens nahe am Ufer, manchmal aber auch weiter entfernt, mit tiefen und seichten Abschnitten. Schnorcheln bereitet hier leider nur mäßiges Vergnügen, da sich das Riff von einer, wenige Jahre

Relativer Preis:

6

8

Zimmerdichte zu Inselgröße:

zurückliegenden, Seesternpest erholt. Es gibt gute Tauchgründe in der Nähe, aber der Tauchensport gehört nicht zu den Prioritäten auf dieser Insel.

Die Zimmer sind im wesentlichen - wie die anderen "Club Vacanza" Zimmer - sehr gut ausgestattet. Die Möbel sind aus dunklem Holz und dunkel lackiertem Bambus. Ein großer Spiegel, Telefon und Minibar gehören genauso dazu wie zwei Waschbecken, Bidet und Fön. Die Objekte und Armaturen sind qualitativ hochwertig, die Bauausführung läßt allerdings etwas zu wünschen übrig (Spalten im gefliesten Bereich oder lose Duschstangen).

Das Essen ist ausgezeichnet. Die Mahlzeiten werden als Buffets gereicht und die Auswahl ist reichhaltig. Es gibt immer mehrere Pasta Gerichte, dazu viel Salat und Früchte. An Acht-Personen-Tischen lernen sich die Gäste schnell untereinander kennen.

Die allgemeine Atmosphäre ist keineswegs "snobbish" oder extravagant, sondern freundlich und ungezwungen. Das Resorts wird ruhig und gelassen geführt und, sofern Sie es mit den richtigen Erwartungen buchen, so wird es Ihnen sicherlich sehr gefallen.

Ferienanlage *tel*: 443981 *fax*: 442634
email:hcmmale@clubvacanza.com.mv

Dose Bier	incl.	Halbtags-Inselhüpfen:	incl.
Lime juice:	incl.	Fischen bei Sonnenuntergang:	incl.
Mineralwasser:	incl.		

Tauchzentrum Boduhithi

Ein Tauchgang, gesamte Ausrüstung:	incl.
Sechs Tauchgänge, gesamte Ausrüstung:	incl.
Zertifizierter Tauchkurs:	$400

Bolifushi

Flug.......n/a
Schnellboot.......30 Min.
Dhoni.......70 Min.

Südmalé Atoll, nordwestlich

Wenn Sie eine kleine, freundliche, preisgünstige Ferienanlage unweit von Malé suchen, dann ist Bolifushi eine gute Wahl. Es ist das einzige Resort im nordwestlichen Teil des Süd-Malé-Atolls, was einem - obwohl nur 15 Kilometer vom Flugplatz entfernt - den Eindruck vermittelt, völlig allein in den Weiten des Ozeans zu sein.

Die insgesamt 43 "Boli"- Zimmer und Strand-Bungalows wurden 1999 komplett renoviert und um acht Wasserbungalows erweitert. Alle Zimmer sind sauber, hell und überraschend groß (zwei weitere Betten passen hinein). Die Zimmer sind gut eingerichtet und verfügen über warmes (Süß-)Wasser und Telefon. Die elf "Beachrooms" - erbaut aus Koralle, Holz und Palmwedeln - sind ruhig und komfortabel. Manch einer mag die Bebauung nunmehr als etwas zu dicht empfinden, nicht jedoch die Italiener, die hier den größten Teil der Gäste ausmachen. Deutsche, Schweizer und Japaner stellen den Rest.

Georgio Lagorio ist der umsichtige und stets um das Wohl seiner Gäste bemühte Leiter des Resorts. Durch die Größe der Insel und die lockere Art der Besucher lernt man sich leicht kennen und der Ort wird schnell zu einem freundlichen Club. Die schicke neue Bar und das Cáfe über dem Wasser sind der abendliche Treffpunkt, an dem immer etwas los ist. Regelmäßig werden Zauberer, "Bodu Beru", Feuer Limbo, Calypso Band, Krebsrennen und Tischtennis-Wettbewerbe angeboten. Trotz aller Aktivitäten ist Bolifushi im Grunde eine eher ruhige Insel, wo Partys nicht bis in die Nacht andauern.

Relativer Preis:

7

10

Zimmerdichte zu Inselgröße:

Da die Insel in Nord/Süd Ausrichtung liegt, gibt es einen "Sunrise"- und einen "Sunset" - Beach. Obwohl beide nicht besonders lang sind, so ist durch Ihre Breite doch ausreichend Platz für die Anzahl der Gäste.

Die Lagune bietet - von flach bis tief, von sandig bis felsig - für jeden etwas. Zusätzlich verfügt Bolifushi über eine wunderbare Sandbank in der Lagune, nur einen kurzen Trip mit dem Katamaran oder Surfbrett entfernt.

Die Riffkante ist sowohl zum Schnorcheln als auch zum Tauchen ausgezeichnet geeignet. Es gibt sogar ein kleines Wrack, an dem sich Korallen ansiedeln und Fischschwärme tummeln. Anfänger sollten sich aber vor den starken Strömungen am westlichen Rand in acht nehmen. Das Tauchen in der Umgebung konzentriert sich meist auf den Norden und Osten des Atolls. Das Tauchzentrum ist sehr gut mit neuen Geräten ausgerüstet, und die Tauchboote sind nie überfüllt.

Das Restaurant ist ein luftiges, offenes Gebäude - schlicht und elegant. Das Essen ist insgesamt gut, aber nichts Außergewöhnliches. Das Frühstück ist einfach, mittags gibt es ein Menü (reichlich, aber einfache Gerichte) und am Abend ein Buffet.

Ferienanlage *tel*: 443517 *fax*: 445924
email: admin@bolifushi.com

Dose Bier	$ 2.50	Halbtags-Inselhüpfen:	$ 25
Lime juice:	$ 3.50	Fischen bei Sonnenuntergang:	$ 15
Mineralwasser:	$ 3.00		

Tauchzentrum Atoll Diving Tours

Ein Tauchgang, gesamte Ausrüstung:	$ 50
Fünf Tauchgänge, gesamte Ausrüstung:	$ 250
Zertifizierter Tauchkurs:	$ 415

Club Med

Flug.......n/a
Schnellboot.....15 Min.
Dhoni.......35 Min.

Nordmalé Atoll

Club Med ist tot, lang lebe der Club Med!

Die ursprüngliche Club Med Insel wurde im Rahmen des "Hulumale" Projektes durch Auffüllung der Lagune in die Flughafeninsel Hulhule integriert. An dessen Stelle wurden gleich zwei "Club Med" neu geplant: Einer wird auf dem Raa - Atoll komplett neu errichtet und soll bis 2002 eröffnet sein, der andere eröffnete im November 2000 auf der umgebauten Nachbarinsel von Hulhule, dem ehemaligen Kanifinolhu Resort.

Die beiden Inseln haben eine sehr vergleichbare Lage, Größe und Ideologie, so daß die wahl einfach war und der Übergang fließend verlief. Die Philosophie ist dieselbe wie in allen Club Meds der Welt: Aktiver Urlaub, excellente Küche und Clubatmosphäre in einer wunderschönen Umgebung. Kanifinolhu hatte außer wirklich erstklassigem Essen alle diese Eigenschaften. Eine neue Kücheneinrichtung und neue Köche haben nun die Gourmetküche in Form (hauptsächlich) französischer und japanischer Gerichte auf die Insel gebracht. Die vielen verschiedenen Brot- und Käsesorten sowie die Desserts sind wahrscheinlich die besten im ganzen Land.

Ein mehrsprachiges Team von Animateuren leistet ausgezeichnete Arbeit: Sie informieren, führen die Gäste in das Clubleben ein und sorgen für Unterhaltung. Das geschieht aber nicht mehr wie früher auf eine aufdringliche Weise, sondern durch gezielte Motivation, tagsüber an Spielen, Spaß und den zahlreichen Wassersportmöglichkeiten, und abends den Shows teilzunehmen.

In der Hochsaison sind die Gäste eine bunte Mischung aus Europäern und Japanern. In den Ferienmonaten Juli und August stellen die französischen Gäste die Mehrheit, während es von September bis Dezember die Japaner sind.

Als "all-inclusive" Resort sind hier Wassersportausrüstung und Tauchunterricht kostenlos. Zudem ist es auch eines der wenigen Resorts, in dem man das Wellenreiten erlernen kann. Wasserski und Hochseefischen werden ebenfalls angeboten, müssen aber extra bezahlt werden.

Die Lagune ist ins Atollinnere hinein gelegen und durch ihre mäßige Tiefe gut für Wassersport geeignet. Der Rand des Riffes kann aber leider von keiner Seite der Insel erreicht werden, so daß schnorcheln direkt vom Strand nicht möglich ist. Es werden jedoch Schnorcheltouren zu den umliegenden Riffen veranstaltet.

Der zur Lagune hin gelegene Strand ist zum

Relativer Preis:

6

7

Zimmerdichte zu Inselgröße:

Teil künstlich angelegt, was sich darin bemerkbar macht, daß der Sand nicht gerade der feinste ist und auch insgesamt einen irgendwie "gepressten" Eindruck macht (was wiederum die Volleyballer erfreut). Der Strand ist sehr breit und Reihen von jungen Kokospalmen spenden Schatten. Der Strand auf der anderen Seite der Insel liegt zum offenen Meer hin und ist beträchtlich kleiner und gröber, gibt aber insgesamt keinen Anlaß zur Klage.

Ferienanlage *tel*: 444552 *fax*: 441997
email:

Dose Bier	incl.	Halbtags-Inselhüpfen:	incl.
Lime juice:	incl.	Fischen bei Sonnenuntergang:	incl.
Mineralwasser:	incl.		

Tauchzentrum Club Med

Ein Tauchgang, gesamte Ausrüstung:	incl.
Sechs Tauchgänge, gesamte Ausrüstung:	incl.
Zertifizierter Tauchkurs:	incl.

Über die Zimmer kann sich wirklich niemand beschweren: Sie sind allesamt sehr gediegen ausgestattet und geschmackvoll eingerichtet. Insgesamt sechsundvierzig Pfahlbungalows wurden speziell für den Club Med, jeweils als Doppelhäuser gebaut. Ganz aus Holz und wie die Zimmer an Land, wunderhübsch eingerichtet, sind sie eine Augenweide. In einem großen Halbkreis von Osten nach Westen gebaut, blicken einige dem Sonnenaufgang, einige dem Sonnenuntergang und die anderen den ganzen Tag über, der Sonne entgegen. Von den südlich gelegenen Häusern kann man außerdem auf die nur einige hundert Meter entfernte, bewohnte Insel Huraa hinübersehen.

Club Rannalhi

Flug........n/a
Schnellboot.....45 Min.
Dhoni.......150 Min.

Südmalé Atoll

Dieses komplett renovierte Resort wurde 1996 eröffnet. Das Wort "Club" signalisiert, daß in diesem Resort eine "laßt-uns-alles-zusammen-tun" Kultur an erster Stelle steht. Es zeigt auch die Dominanz des "I Viaggi del Ventaglio" , eines Reiseveranstalters, der gut drei Viertel aller Zimmer bucht und dessen andere Resorts weltweit Club Venta heißen. So sind rund achtzig Prozent der Gäste Italiener und etwa dreizehn Prozent Franzosen. Deutsche und Briten stellen den Rest.

Der ganze Tag, bis spät in den Abend hinein, wird von manigfaltigen Aktivitäten und Musik geprägt. Ob nun Wassergymnastik, Boccia, Volleyball, Tänze, Ratespiele o.ä., jeder ist herzlich zum Teilnehmen eingeladen. Das rührige Wassersportzentrum am Hauptstrand bietet Kanus, Windsurfing, Wasserski und "Bananaboat"-Fahrten an.

Die Tauchschule ist groß und sehr beflissen. Sie ist eine der wenigen auf den Malediven, die bis zu drei Tauchgänge pro Tag organisiert: Entweder zwei am Morgen und einen am Nachmittag oder einen am Morgen, einen am Nachmittag und einen Nachttauchgang. Da das zahlenmäßige Verhältnis von Tauchlehrern zu Tauchschülern sehr groß ist, besteht sowohl die Möglichkeit, Anfänger auf Einführungstauchgänge mitzunehmen, als auch PADI- und sogar Sporttauchkurse zu veranstalten.

Die guten Strände sind beinahe um die ganze

Relativer Preis: 8

Zimmerdichte zu Inselgröße: 8

Insel herum breit und feinsandig, und auch die Lagune ist herrlich: Sandiger Untergrund in Strandnähe, aber schon in kurzer Schwimmentfernung ist ausreichender Korallenwuchs für Schnorchler zu bestaunen.

Einziges Problem mag für viele die große Anzahl der Zimmer sein. Rezeption, Restaurant und der Coffee-Shop liegen zusammen in einem großzügigen, durch Strandflächen

aufgelockerten Bereich. Doch die einhundert Zimmer drängen sich in zweigeschossigen Wohnblöcken dicht aneinander. Dazu kommen auch noch sechzehn Wasserbungalows auf Pfählen. Für sehr gesellige Menschen mag das so in Ordnung sein, für alle anderen wohl eher nicht.

Die Wohnblöcke sind aus Beton, wirken jedoch durch Ihren hübschen Anstrich nicht kalt. Die Zimmer selbst sind eher klein, mit einfacher Möblierung. Die Ausstattung an sich ist gut: Warm- und Kaltwasser, Minibar, Klimaanlage, Fön und zwei Duschen. Jedes Zimmer führt entweder zum Strand oder auf einen Balkon hinaus.

Das Restaurant serviert täglich drei Buffets und veranstaltet regelmäßig Themenabende. Insgesamt ist das Essen nicht ganz so gut wie in anderen italienischen Resorts, die mehr auf europäische Direktimporte setzen, aber es scheint darüber wenig Beschwerden zu geben.

Ein junges maledivisches Unternehmen führt dieses Resort mit gutem Erfolg und es gibt nur sehr wenige Beschwerden von den Urlaubern. Nichtsdestotrotz sollte man jede Menge Spaß und Action lieben - und vielleicht auch Italiener sein - damit es einem hier wirklich gefällt.

Ferienanlage *tel:* 442034 *fax:* 442035
email: reserve@rannalhi.com.mv

Dose Bier	$3.30	Halbtags-Inselhüpfen:	$25
Lime juice:	$4.40	Fischen bei Sonnenuntergang:	$12
Mineralwasser:	$3.85		

Tauchzentrum Venta

Ein Tauchgang, gesamte Ausrüstung:		$53
Fünf Tauchgänge, gesamte Ausrüstung:		$250
Zertifizierter Tauchkurs:	ab	$330

Coco Palm

Flug........30 Min.
Schnellboot.....n/a
Dhoni.......n/a

Baa Atoll

Coco Palm ist eines der neuen Resorts, das mit den besten der schon etablierten Resorts konkurrieren will. Schnell errichtet wird es wohl erst ein paar Jahre dauern, bis es sein volles Potential ausschöpfen kann.

Der Mangel an üppiger Vegetation wertet den Ort etwas ab. Es werden dahingehend zwar sichtbare Anstrengungen unternommen, und eine Ecke der Insel hat auch schon einen bemerkenswerten Dschungel, aber es gibt auch große Flächen mit nur spärlichem Pflanenuchs.

Das Verhältnis von Zimmeranzahl zur Landmasse ist sehr groß, was dazu führte, das einige Zimmer sogar hintereinander aufgereiht wurden. So ist die wichtigtste Aufgabe der Bepflanzung, schon bald für einen ausreichenden Sichtschutz zwischen den Bungalows, und damit für mehr Privatsphäre zu sorgen.

Die Zimmer an sich sind sehr angenehm. Zur Zeit gib es im wesentlichen drei Kategorien: Beach Villa (58), Deluxe Villa (26) und Lagoon Villa (12). Einige Zimmer werden vor Ende 2001 in eine extra Deluxe Villa hochgestuft werden. Die Beach und Deluxe Villa unterscheiden sich nur in Ausstattungsdetails: Hierzu gehören Himmelbett, eingelassene Badewanne, Hängematte und ein Tauchbecken im Freien. Die Deluxe Villen liegen insgesamt gut, aber in der Nähe des frequentierten Schnorchelbereichs der Insel.

Die "Lagoon Villas" entsprechen in ihrer Größe den anderen zwei Kategorien, sind jedoch in der Verwendung von Möbeln und Materialien noch luxuriöser. Wunderschön zusammengestellt vermitteln sie Intimität und Privatsphäre. Sechs davon liegen nach Norden hin und sechs nach Süden, während zwei weitere am Ende des Gehweges nach Westen zum Sonnenuntergang hin ausgerichtet sind. Dies sind die "Lagoon-Palace" Suiten, die Spitzenunterkunft auf der Insel. Alle Zimmer haben Stufen zur Lagune hinunter, die zwar auf dieser Seite keine Korallen hat, aber perfekt zum Schwimmen ist: Tief und sandig.

Schnorcheln kann man auf der anderen Seite der Insel, wo die Riffkante nahe

Relativer Preis: 4

8
Zimmerdichte zu Inselgröße:

genug liegt, um sie schwimmend erreichen zu können. Und auch wenn man nicht bis an den Steilabfall herangeht, so gibt es schon in der Lagune ausreichend Korallenansammlungen, die genügend Fische anlocken, um den Schnorchelanfänger zu begeistern.

Das Tauchen hat hier keinen außergewöhnlichen Reiz, aber als einziges Resort im Süden und Westen des Atolls bietet es ganz neue Tauchgründe. Lokale Thilas, auf denen das wieder beginnende Korallenwachstum gut zu beobachten ist, sind die Highlights in dieser Region.

Der wunderbar feinsandige und weiche Strand erstreckt sich - bis auf eine kleine Ecke in der Nebensaison - um die gesamte Insel herum. Wenn Sie sich hier nicht gerade in der Sonne aalen, nutzen Sie vielleicht den Unterhaltungsbereich, wo es Snooker, Tischtennis, ein Fitnessstudio und einen Whirlpool gibt. In unmittelbarer Nähe davon liegen die Badminton-, Volleyball- und Tennisplätze, sowie eine Badekuranlage, die von der berühmten "Mandara-Spa" Company geführt wird.

Man hat gemerkt, daß es dem weitläufigen Restaurant etwas an Atmosphäre mangelt und wird es deshalb in kleinere, gemütlichere Bereiche abteilen. Über das Essen selbst kann man sich nicht beklagen. Hübsch auf drei kleinen Dhonis angerichtet ist einer der drei Gänge so gut wie der andere. Als romantische Abwechslung dazu, wird allabendlich ein erlesener "Seafood"- Grill angeboten.

Ferienanlage *tel:* 230011 *fax:* 230022
email: cocopalm@dhivehinet.net.mv

Dose Bier	$3.30	Halbtags-Inselhüpfen:	$25
Lime juice:	$4.40		
Mineralwasser:	$3.85	Fischen bei Sonnenuntergang:	$12

Tauchzentrum Ocean Pro

Ein Tauchgang, gesamte Ausrüstung:	$63
Fünf Tauchgänge, gesamte Ausrüstung:	$315
Zertifizierter Tauchkurs:	$480+

Flug........n/a
Schnellboot.....35 Min.
Dhoni.......90 Min.

DHIGUFINOLHU

Südmalé Atoll

EINE AUSGEZEICHNETE NEUE GESCHÄFTSLEITUNG

verwandelt Dhigufinolhu in ein sehr gutes Resort; einen sauberen, gut organisierten Ort, der trotz einiger weniger Nachteile einen guten Gegenwert für´s Geld bietet und ständig verbessert wird.

Eigenartiger Weise liegen Vor- und Nachteile oft dicht zusammen: So z.B. ist Schnorcheln schlecht möglich, Tauchen wiederum ausgezeichnet. Die Riffkante ist unzugänglich und in der Lagune gibt es nicht viel zu sehen. Doch nur wenige Minuten mit dem Tauch-Dhoni entfernt befinden sich ein Wrack, eine Stelle mit vielen Mantas, eine mit Haien sowie eine fantastische Höhle. Etwas besonderes ist der Leiter der Tauchstation, Jorge Aebe, der nicht nur freundlich und erfahren, sondern auch noch einer der besten Unterwasserfotografen ist. Sein wöchentlicher Diavortrag ist schlicht umwerfend. Und für Schnorchler werden je nach Nachfrage mindestes vier Fahrten pro Woche zu nahegelegenen Korallenbänken organisiert.

Auch von einer großen, scherzhaft "Alcatraz" genannten, Plattform auf der Riffkante ist schnorcheln möglich. Allerdings ist diese nur mit dem Boot erreichbar, das man mit einer Flagge von der, in der Mitte dreier langer Stege gelegenen, Bar aus heranwinken muß. Diese Stege verbinden Dhigufinolhu mit den anderen drei Inseln derselben Lagune.

Die große Lagune ist sehr flach und dadurch nicht besonders sehenswert, die Strände aber sind fantastisch. Weich, breit und überall zugänglich sind sie ein echter Pluspunkt. Dhigufinolhu heißt eigentlich langer Sandbalken, was auch einen Mangel an Palmen und somit Schatten bedeutet. Mit der Zeit jedoch und mit guter

Relativer Preis: 7

9

Zimmerdichte zu Inselgröße:

Gartenarbeit sind Palmenwuchs, genügend Schatten und schöne Blumen entstanden. Und der Manager - ein eifriger Gärtner - will weitere Verbesserungen schaffen.

Unbestritten gut ist das Essen. Als eine Vorliebe des Managers - selbst Koch - sind die Buffets umfang-, abwechslungs- und einfallsreich. "Que mangare!" (was für ein Essen!) entfuhr es jüngst einem rundum zufriedenen Italiener. Qualität und Zubereitung werden nirgends sorgfältiger überwacht als hier, und die Küchen sind so sauber, daß es sogar einmal pro Woche einen Tag der offenen Tür für interessierte Gäste gibt.

Der "Dolphin Grill" ist ein kleines, romantisches, abseits am Sunset-Beach gelegenes Restaurant. Hier werden traditionelle und phantasievolle Gerichte, alle auf Meeresspezialitäten basierend (z.B. Garnelen-Ravioli mit Langustensauce) in einer gediegenen Umgebung serviert. Angenehm ist, daß bei den Preisen großzügig berücksichtigt wird, was man bereits für Voll- oder Halbpension bezahlt hat. So kostet ein Pfeffersteak nur etwa 3 US $, eine Suppe vielleicht 1 US $ und ein gutes dreigängiges Menü insgesamt 10 US $.

Der neue Zimmerservice ist Teil der stetigen Verbesserungen im Wohnbereich. Die 27 Superior Zimmer sind gut, die 73 Standard Zimmer aber enttäuschend. Die groben Stoffe und spartanischen, billigen Möbel und Lampen sollen jetzt kurzfristig ersetzt werden.

Dieses Resort wurde früher hauptsächlich von Schweizern und Deutschen, später dann von Italienern besucht Jetzt sind etwas mehr als die Hälfte Schweizer und Deutsche, etwa ein Drittel Italiener und ungefähr ein Fünftel Briten und Franzosen. Die Mischung funktioniert.

Ferienanlage *tel:* 443599 *fax:* 44886
email: dhigufinolhu@palmtree.com.mv

Dose Bier	$3.85	Halbtags-Inselhüpfen:	$15
Lime juice:	$3.85	Fischen bei Sonnenuntergang:	$15
Mineralwasser:	$3.30		

Tauchzentrum Scubasub

Ein Tauchgang, gesamte Ausrüstung:	$60
Fünf Tauchgänge, gesamte Ausrüstung:	$300
Zertifizierter Tauchkurs: ab	$450

Embudu Village

Flug........n/a
Schnellboot.....n/a
Dhoni.......45 Min.

Südmalé Atoll

Embudu Village kann sich einer grossen Anzahl

zufriedener Kunden erfreuen. Der Grund dafür ist wohl der ausgewogene Mittelweg, den das Resort beschreitet: Die Gebäude sind schick, ja fast etwas förmlich, wogegen die sandigen Fußböden dazu ermuntern, barfuß und leger zu sein. Der Service ist aufmerksam und freundlich, und obwohl Gärten und Fußwege sorgsam gepflegt werden, bleibt immer eine entspannte und lockere Atmosphäre.

Die Touristen hätten zwar - so der Manager - über die Jahre hin mehr Qualität verlangt, sie wollen aber trotzdem die Zwanglosigkeit einer Sonneninsel nicht missen. Der Erfog dieses Konzepts gibt Embudu Village recht.

Die Zimmerdichte ist relativ hoch, was jedoch durch ein excellentes Management und die Schönheit der Insel ausgeglichen wird. Gab es früher überwiegend Standardzimmer, so sind es jetzt 72 Superior- und 36 Standardzimmer. Die Hauptunterschiede sind eine Klimaanlage, etwas mehr Platz und hier und da ein zusätzliches Möbelstück. Beide sind von außen nicht besonders ansprechend (Wellblechdach, kleine Terrasse und zwei Plastikstühle), aber von innen sind die Zimmer hell und licht, mit hohen Decken und massiven, polierten Holzböden. Die

Bäder verfügen über Süßwasser, wobei die Duschen nur warmes, etwas schwach fließendes Wasser hergeben.

Die 16 Wasserbungalows werden zurecht als de Luxe bezeichnet: groß, einfach aber gut möbliert, Telefon, Minibar, Satelliten-Fernsehen und eine große in den Holzboden eingelassene Glasscheibe, durch die man die Korallen und Fische darunter sehen kann. Auf keiner anderen Insel liegen die Wasserbungalows so nahe an einem derart großartigen Korallengarten. Dieser ist sogar so nahe, daß man keine Treppe vom Balkon nach unten bauen konnte. (Man kann eben nicht alles haben!)

Um die ganze Insel herum kann man phantastisch schnorcheln. Das Hausriff reicht fast überall bis ans Ufer heran und beherbergt eine Vielfalt von Korallen und Fischschwärmen.

Der Strand wiederum wird an manchen Stellen der Insel ziemlich schmal, aber an den drei "Ecken" dieser Insel zieht sich der Sand bis in die Lagune hinaus. Einer dieser drei schönen Strände zeigt direkt nach Westen und ist somit ideal zum Beobachten des Sonnenuntergangs.

Tauchen ist hier überaus beliebt. Sowohl die hervorragenden Tauchgründe in der Nähe der Insel, als auch das besonders freundliche und hilfsbereite Team der Tauchbasis lassen keine Wünsche offen. Der unter Naturschutz stehende "Embudu Channel" ist nur wenige Minuten entfernt. Dieser bietet neben dem "Embudu Express" - einem aufregenden Treibtauchgang - besonders die schönen Korallengärten des

Relativer Preis:

9

10

Zimmerdichte
zu Inselgröße:

Embudu Thila und eine Stelle mit grauen Riffhaien.

Die Nähe der Insel zu Malé und zum Flughafen machen Einkaufsfahrten und Foto-Flüge einfach und bequem. Weitere Ausflüge sind bestens organisiert und beworben.

Die Mehrheit der Gäste sind Deutsche, gefolgt von Franzosen und Österreichern, Holländern, Schweizern und Japanern. Vollpension ist hier obligatorisch. Frühstück und Abendessen gibt es in Form eines reichhaltigen Buffets, das Mittagessen wird als Menü serviert. Im Restaurant ist es durch das Blechdach und die ungenügenden Venilatoren zwar etwas warm, Service und Essen jedoch sind gut. Zweimal wöchentlich werden besondere Menüs mit z.B. Hummer oder Steak im Freien veranstaltet. Diese kosten zwar extra, sind aber schon allein von der Präsentation her eine lohnende Alternative.

Ferienanlage *tel:* 444776 *fax:* 442673
email: embvil@dhivehinet.net.mv

Dose Bier	$3.00	Halbtags-Inselhüpfen:	$24
Lime juice:	$2.60		
Mineralwasser:	$3.50	Fischen bei Sonnenuntergang:	$13

Tauchzentrum Diverland Embudu

Ein Tauchgang, gesamte Ausrüstung:	$40
Sechs Tauchgänge, gesamte Ausrüstung:	$228
Zertifizierter Tauchkurs:	$455

Flug........75 Min.
Schnellboot.....n/a
Dhoni.......n/a

Addu Atoll

Equator Village

Equator Village bietet eine Besonderheit im Vergleich zu allen anderen Resorts der Malediven. Es ist keine einzeln liegende Insel, sondern Teil einer großen Insel, die widerum mit sechs anderen bewohnten und unbewohnten Inseln verbunden ist.

Das heißt, dies ist die einzige Anlage, von der man losgehen und ins "echte Leben" eintauchen kann. Nicht nur ein oder zwei Stunden an einem gebuchten Tag, sondern jederzeit. Es ist ein wahres Vergnügen mit dem Fahrrad die anderen Inseln zu erkunden, schöne Strände unter verschwiegenen Kokoshainen zu entdecken und ganz ungezwungen Einheimische zu treffen. Das gesprochene Englisch ist gut, was die Kommunikation und Interaktion sehr erleichtert.

Die Deutschen machen den Großteil der Gäste aus; dazu kommen einige russische Gruppen sowie einige Italiener und Schweizer. Fast alle haben "all-inclusive" gebucht, wobei aber erwähnt sei, daß das Essen eher einfach ist und die Getränke nicht gerade Edelmarken. Die allgemeine Stimmung jedoch ist ausgezeichnet. Vielleicht vereint die einzigartige Situation der Insel die Menschen eher als anderenorts. Die einzige organisierte Abendunterhaltung ist lediglich die wöchentlich stattfindende Disco. Darüber hinaus gibt´s Tischtennis, full-size Snooker und einen guten Tennisplatz.

Auch der Strand ist nicht gerade postkartenreif. Er ist zwar vorhanden, aber er ist schmal und von Korallenblöcken unterbrochen. Man kann jedoch losradeln und einen schönen Platz auf einer der anderen Inseln suchen oder sich einfach zu den anderen Gästen am den großen Swimming-Pool gesellen.

Die 78 Zimmer stehen ordentlich aufgereiht in Gärten mit gepflegtem Gras und tropischen Blumen. Innen sind sie kühl und bequem und besser möbliert, als man es in dieser Preislage erwarten würde; zwar gibt's kein Telefon (Telefonzelle im Ort) aber eine - auf Wunsch gefüllte - Minibar und drei Spiegel. Die Gartenanlage des Resorts, wie

Relativer Preis:

10

Zimmerdichte zu Inselgröße:

überhaupt die ganze Insel Gan, ist wunderbar grün und bietet viele verschiedene einheimische und eingeführte Bäume, Blumen und Vögel wie man sie auf keiner der anderen Inseln findet.

Zu den bewohnten und unbewohnten Inseln auf der anderen Seite des Atolls werden Dhoni-Trips zum Schnorcheln mit anschließendem Strand - BBQ organisiert. Neben dem Fahrradverleih verfügt das Resort über einen Minibus für Ausflüge über den, die Inseln verbindenden Damm bis hin nach *Hithadu*, der letzten Insel der Kette und Hauptstadt des Atolls. Hier kann man spazieren gehen, einkaufen oder in einem einheimischen Lokal zu Mittag essen.

Die Möglichkeit, so viel oder so wenig maledivisches Leben zu erleben, wie man will, ist einer der Gründe hierherzukommen. Der andere ist das Tauchen! Durch eine günstige Konstellation von Kanälen und Strömungen ist die Korallenbleiche hier ausgeblieben. Daher ist hier ***der*** Tauchplatz in außergewöhnlich schönen Korallengärten und Steilwänden. Mantas und andere Großfische wie graue Riffhaie, Barakudas, Thunfische und sogar Tigerhaie zählen das ganze Jahr über ebenfalls zu den Stammgästen am Riff.

Die Tauchplätze sind meistens 40 bis 50 Bootsminuten entfernt, so daß nicht mehr als zwei Tauchgänge täglich angeboten werden; dazu wöchentlich ein Nachttauchgang und eine Reihe von Tauchgängen am Hausriff. Im Innern des Atolls ist die Sicht nicht sonderlich gut, was das Schnorcheln am Hausriff leider verübelt. Ein Höhepunkt aber ist das größte Schiffswrack des Landes, die 140 m lange „British Royalty".

Ferienanlage *tel*: 588019 *fax*: 588020
email: croworld@dhivehinet.net.mv

Dose Bier	incl.	Halbtags-Inselhüpfen:	incl.
Lime juice:	incl.	Fischen bei Sonnenuntergang:	incl.
Mineralwasser:	incl.		

Tauchzentrum Euro Divers

Ein Tauchgang, gesamte Ausrüstung:	$41
Sechs Tauchgänge, gesamte Ausrüstung:	$205
Zertifizierter Tauchkurs:	$440

Flug........n/a
Schnellboot.....50 Min.
Dhoni.......n/a

Eriyadu

Nordmalé Atoll

Das einzige Gebäude, das nach Eriyadus Umbau

übrig geblieben ist, ist die strohgedeckte Bar am Strand. Alles andere ist neu. Ehemalige, zufriedene Gäste von Eriyadu brauchen allerdings keine Angst zu haben. Die Insel hat ihren einfachen Charakter und die ruhige, ungezwungene Atmosphäre bewahrt. Nur die Gebäude haben jetzt einen höheren Standard, und es ist etwas teurer geworden.

Eriyadu hat mit seinen offiziell angegebenen 75 Zimmern (tatsächlich sind immer einige mehr in Reserve) im Vergleich zur Gesamtgröße schon eine ziemlich hohe Zimmerdichte. Diese nimmt man jedoch durch die paarweise und versetzte Bauart und die Trennwände auf den Veranden kaum wahr. Dazu kommt, daß die Zimmer von einem dichten Baum- und Pflanzenwuchs getrennt werden, der – trotz nur weniger Kokospalmen - zwischen den Zimmern und dem Strand viel Schatten spendet.

Die Zimmer sind kühl, schattig und komfortabel. Das Parkett ist, wie auch die messingbeschlagenen Schränke und Tische aus dunklem, malayischem Hartholz gefertigt. Neben einem Safe und einer gut gefüllten Minibar gibt es ein Radio mit vier Sendern und Satellitenfernsehen mit u.a. DW, BBC, CNN und ESPN. Die Bäder sind sehr schlicht: Plastikdusche, Fön, Waschbecken und ein sehr kleiner, zum Himmel offener Bereich mit einer weiteren Dusche.

Das Restaurant ist geschickt in zwei Bereiche mit Unterschieden in Mobiliar und Dekoration geteilt, um die tatsächliche “Größe” etwas zu verbergen. Dazwischen wird für alle Mahlzeiten das Buffet aufgebaut, welches sich im Gegensatz zu früher ganz erheblich verbessert hat. So ist nicht nur die Auswahl vergrößert, sondern auch die Zubereitung wesentlich verbessert worden (Röstkartoffeln knusprig, Rindfleisch zart usw.).

Etwa die Hälfte der Gäste buchen Halbpension. Im neuen Coffee Shop neben der Haupt-Bar wir daher ein Mittagstisch

Relativer Preis:

9

10

Zimmerdichte zu Inselgröße:

angeboten. Das Essen hier ist nur mäßig gut, aber es ist bis 23 Uhr geöffnet und erstaunlicherweise scheint auch zu jeder Nachtzeit jemand etwas zu Essen zuzubereiten.

Die Bar ist allabendlich bis 23 Uhr und je nach Andrang auch länger geöffnet. Die Unterhaltung ist, wie oft auf Inseln mit vielen Tauchern, mehr auf Erholung als auf Night-Life ausgerichtet. Größere Anstrengungen zur Unterhaltung werden vernünftigerweise auf die Nachsaison verlagert. Ein paar Schritte entfernt -im Empfangsgebäude- ist ein offener Raum zum Dart und Tischtennis spielen. Nebenan liegen das Billiardzimmer und der Fitnessraum.

Tauchen bleibt der Schwerpunkt der Insel. Das neue Tauchzentrum liegt am eigenen Steg, nur ein paar Meter von den Booten entfernt. Da Eriyadu das letzte Resort an der Nordwestseite des Atolls ist, sind die Tauchplätze relativ wenig besucht und außerordentlich gut. Sogar das Hausriff ist ausgezeichnet zum Tauchen (und trotz der abgestorbenen Korallen auch zum Schnorcheln). Neben den beiden Stegen gibt es drei durch das Riff geschlagene Ausgänge und eine Bank am Strand, an die Mitarbeiter der Station Ihre Ausrüstung bringen und wieder abholen.

Eriyadu genießt eine nahezu perfekte geographische Lage: Es liegt nahe am Rand des Atolls und somit nahe bei den Tauchplätze, ist aber vor den starken äußeren Strömungen geschützt, so daß die Strände breit und feinsandig sind und sich rund um die Insel herum ziehen. Es gibt keine Außenbefestigungen und nur ein paar mit dem Strand verbundene Korallen-Buhnen ins Meer.

Deutsche, Schweizer und Österreicher machen etwa drei Viertel der Gäste aus, während der Rest Japaner, Briten und Italiener sind. In seiner früheren Form hatte das Resort eine ungewöhnlich hohe Zahl zufriedener Stammgäste, und ich bin sicher, daß es auch nach dem Umbau so bleiben wird.

Ferienanlage *tel*: 444487 *fax*: 445926
email: eriyadu@aaa.com.mv

Dose Bier:	Halbtags-Inselhüpfen:
Lime juice:	Fischen bei Sonnenuntergang:
Mineralwasser:	

Tauchzentrum Eriyadu

Ein Tauchgang, gesamte Ausrüstung:
Sechs Tauchgänge, gesamte Ausrüstung:
Zertifizierter Tauchkurs:

Fesdu

Flug........25 Min.
Schnellboot.....120 Min.
Dhoni.......n/a

Ari Atoll, nördlich

Auf vielerlei Weise reflektiert Fesdu die

Entwicklung des Tourismus auf den Malediven. Ursprünglichen 1978 im Campingstil eröffnet, hat das Resort viele Änderungen erfahren (letzte Renovierung 1996). Und obwohl alles jetzt viel geregelter abläuft und es die meisten modernen Einrichtungen gibt, ist dieses Resort doch unbestreitbar schön geblieben.

Eine der neuesten Änderungen ist der Wechsel zu ***"all-inclusive"*** Ferien. Hier bedeutet dies, daß alle Speisen, die Snacks an der Bar und im Coffee Shop, eine große Auswahl an Getränken, ein Ausflug und einige Wassersportgeräte (Schnorchelausrüstung und Surfbretter, nicht aber Katamarane und Kanus) im Reisepreis enthalten sind.

Wöchentlich werden ein Halbtagesausflug (Resort und bewohnte Insel), ein Tagesausflug (Resort, bewohnte Insel und unbewohnte Insel), eine Einkaufsfahrt, eine Schnorcheltour, einmal Tagesfischen und einmal Nachtfischen angeboten. Zusätzlich gibt es aber auch Außergewöhnliches: Man kann z.B. einen ganzen Tag mit einem richtigen maledivischen Fischerboot und der einheimischen Besatzung auf Thunfischfang gehen. Ganz in der Nähe des Resorts liegt eine kleine unbewohnte Insel, die Sie einen Tag lang für sich alleine buchen können.

Das lebhafte Abendprogramm zieht sich länger als auf anderen Inseln, da die Gäste „freie" Getränke genießen. Die Tauchgemeinschaft fühlt sich manchmal etwas benachteiligt, da man nicht viel trinken kann, wenn es am nächsten morgen zum Tauchen geht.

Diejenigen die zum Tauchen aufstehen, braucht nicht weit hinaus zu fahren. Das Hausriff selbst hat einen großartigen Steilabfall mit Kraken und Rochen, Steinfischen und Löwenfischen, schönen Korallen und vielem mehr. Wenige Minuten entfernt erstreckt sich ein Korallenfeld mit Schildkröten und Hummern und nur ein Stückchen entfernt liegt ein interessantes Schiffswrack. Noch etwas weiter gibt es eine Stelle, die eine der besten Höhlentauchattraktionen im Atoll zu bieten hat.

Wer lieber im Resort bleibt, kann sich an den herrlichen Stränden aalen, die sich um die Insel herumziehen. Naturgemäß wandern die Strände mit den beiden Monsunen um die Insel herum. Aber auch hier werden große Anstrengungen unternommen, die Strände das ganze Jahr über unverändert zu halten. Das bedeutet Sand aus der Lagune auf den Strand zu pumpen, oder Buhnen (die zwar zahlreich aber nicht störend sind) und Mauern zu errichten.

Zwischen den feinsandigen Stränden und den Bungalows führt ein Sandweg um die Insel herum. Es ist ein wunderbarer

Relativer Preis:

7

9

Zimmerdichte zu Inselgröße:

Spaziergang, da überall unter den hohen Kokospalmen Blumen blühen. Obwohl Sie es wahrscheinlich nicht bemerken werden, sind Sie auf diesen Rundweg beschränkt und können nicht ins Innere der Insel.

Es gibt sechzig Zimmer, davon 54 einzeln stehende, strohgedeckte Holzbungalows. Die übrigen liegen in einem Block mit zwei und einen mit vier Zimmern. Obwohl diese äußerlich weniger schön sind, so sind sie innen wie alle anderen auch: Hübsch und sauber, mit Klimaanlage, aber ohne Telefon und Minibar.

Die anderen Gebäude auf der Insel sind ähnlich attraktiv: Strohdächer, Holzwände und Sand auf dem Fußboden. Die Inneneinrichtung bietet nicht den gleichen Standard, was aber keinen zu stören scheint. Es gibt sieben Buffets in der Woche (drei mittags und vier abends), die anderen Mahlzeiten sind Menüs. Ich kann nicht behaupten, daß das Essen besonders gut ist, aber wenn Sie nicht gerade ein Gourmet sind, ist es aureichend.

Zwei Drittel der Gäste sind Deutsche, Briten machen das verbleibendene Drittel aus. Und auf dieser hübschen Insel hat jeder das Gefühl, die richtige Wahl getroffen zu haben...

Ferienanlage *tel*: 450541 *fax*: 450547
email: sales@unisurf.com

Dose Bier	$4.40	Halbtags-Inselhüpfen:	$21
Lime juice:	$4.40	Fischen bei Sonnenuntergang:	$16
Mineralwasser:	$4.40		

Tauchzentrum Fesdu

Ein Tauchgang, gesamte Ausrüstung:	$40
Fünf Tauchgänge, gesamte Ausrüstung:	$335
Zertifizierter Tauchkurs:	$340

FIHALHOHI

Flug........n/a
Schnellboot.....75 Min.
Dhoni.......n/a

Südmalé Atoll

FIHALHOHI IST EINES DER BESTGEHÜTETSTEN GEHEIMNISSE der Malediven. Obwohl kaum irgendwo erwähnt, ist es meiner Meinung nach das beste Familienresort für Preisbewußte im ganzen Land. Vielleicht sogar das beste "Value-for-money"-Resort überhaupt. Eine gelungene Mischung aus Naturschönheite und Ferienaktivitäten.

Es gibt eine Reihe von Gründen für diese Unbekanntheit: Zum einen liegt Fihalhohi fast ganz allein im gesamten Westen und Südwesten des Atolls (Club Rannalhi ist der einzige Nachbar), zum anderen war ein deutscher Reiseveranstalter bis 1998 die Exclusivagentur.

Und obwohl es jetzt einen Mix verschiedener Veranstalter und Nationalitäten gibt, bleibt das Resort doch familieinorientiert. Die Insel ist ideal für Kinder, vor allem weil sie eine Menge Spielkameraden finden, dazu breite Strände, eine flache Lagune und reichlich Schatten. Die Insel ist recht groß und "offen", was bedeutet, daß man ungehindet überall auf Entdeckungsreise gehen kann. Erwähnt seien auch die vielen Wassersportmöglichkeiten, die Spielbereiche samt "Spieltunnel" (zwischen Restaurant und Rezeption), und nicht zuletzt natürlich das sympatische und hilfsbereite Management.

Man muß allerdings berücksichtigen, daß es jetzt 128 Zimmer (Standard, Superior und Deluxe) auf der Insel gibt, was hart an die Grenze des Komfortablen geht. Und so sind auch die Standard Zimmer: Immer vier in einem Block, befriedigendes Interieur und nur fließend (kaltes) Süßwasser. Die Superior Zimmer sind etwas größer und netter eingerichtet und verfügen über Telefon und Minibar.

Nicht alle Zimmer verfügen über direkten Zugang zum Strand, aber zwischen den Gebäuden und dem Wasser gibt es überall breite, sandige Bereiche im Schatten gewaltiger Kokospalmen, geradezu perfekt um in der Hängematte zu dösen, zu lesen oder ein Auge auf die Kinder zu werfen. Eine Insel mit diesem Reichtum und dieser Vielfalt an altem Pflanzenwuchs findet man selten in den Malediven. Sichtbares Zeichen dafür ist die riesige Anzahl von Vögeln in den Bäumen und am Wasser.

Die großen Strände liegen auf der westlichen und nördlichen Seite. Über, wie unter Wasser ist der Sand hier wie feinster weißer Zucker. Gut plaziert liegt am westlichen Strand das Wassersportzentrum, direkt neben Coffee Shop und Bar. Dies ist das zweite "Inselzentrum". Der große Coffee

Relativer Preis:

10

6

Zimmerdichte zu Inselgröße:

Shop bietet eine reichhaltige Auswahl an Speisen und Getränken. Das Wassersportangebot ist vielseitig und durch spezielle Kurse für Kinder auch sehr kinderfreundlich. Neben Windsurfing, Katamaranen und Kanus werden auch Wasserski, Parasailing und Banana-Boat Fahrten angeboten.

Tauchen ist seit der Umorientierung zum Familienresort nicht mehr besonders populär. Trotzdem gibt es natürlich einige sehr gute Tauchplätze für Fortgeschrittene, wie auch einfachere, seichte für Anfänger. Ein sehr schöner davon ist das Hausriff, welches leicht vom Strand zugänglich ist.

Das Essen ist gut bis sehr gut. Das Frühstücksbuffet beinhaltet sogar Waffeln und hausgemachtes dänisches Plundergebäck. Das Mittagessen gibt es ebenfalls vom Buffet und vier bis fünf Mal wöchentlich, wird auch das Abendessen als Buffet im Freien gereicht. Und in was für einer Vielfalt! Es kann italienisch, chinesisch, mongolisch, Sri Lankisch, maledivisch oder ein Grill Buffet geben. Einmal wöchentlich wird gegen Aufpreis ein Meeresfrüchte-Buffet im Coffee Shop am Strand serviert.

Für preisbewußte Familien - egal ob deutsch, italienisch, englisch oder französich - ist dies das richtige Resort, vorausgesetzt, man bekommt ein Zimmer.

Ferienanlage *tel:* 442903 *fax:* 443803
email: fiha@dhivehinet.net.mv

Dose Bier	$3.85	Halbtags-Inselhüpfen:	$25
Lime juice:	$3.30	Fischen bei Sonnenuntergang:	$10
Mineralwasser:	$3.85		

Tauchzentrum Ocean Venture

Ein Tauchgang, gesamte Ausrüstung:	$57
Sechs Tauchgänge, gesamte Ausrüstung:	$324
Zertifizierter Tauchkurs:	$460

FILITHEYO

Flug.......35 Min.
Schnellboot.....n/a
Dhoni.......n/a

Faafu Atoll

FILITHEYO IST DAS EINZIGE RESORT IN DIESEM ATOLL,

und erst vor kurzem eröffnet worden. Als ob es allein von dieser Tatsache profitieren würde, hat es schnell eine große Anzahl von Tauchern angelockt. Und tatsächlich handelt es sich um einen wunderbar konzeptionierte Anlage auf einer einfach entzückenden Insel.

Nur fünf Minuten mit dem Tauchdhoni entfernt liegt der erste einer Reihe nordwärts führender Unterwasserkanäle. Neben den versteckten Thilas sind dies die idealen Plätze, um große Fische zu sehen. Da bis heute ungestört, ist die Anzahl der Fische wirklich beeindruckend. Eine kleine Enttäuschung ist die Tatsache, daß man über eine Stunde fahren muß um Mantas zu sehen, und die Suche nach einem Platz mit grauen Riffhaien dauert noch immer an.

Auch das Hausriff ist zum Tauchen und Schnorcheln ausgezeichnet. Es bietet eine gute Wand auf einer Seite, einen tiefen Steilabfall auf der anderen und massenhaft Fische. Sechs Zugangskanäle sind zum Riffende gebahnt, und die Jungen der Tauchbasis bringen Ihre Tauchausrüstung zu jedem dieser und holen sie auch wieder ab.

Die Lagune ist schmal (und nahe an der Riffkante) auf der einen Seite und breit auf der anderen. Die Strände folgen diesem Muster: Schmal, aber OK,wo die Lagune eng und weitläufig da, wo auch die Lagune breit ist. Leider enthält sie auch eine Menge von dem, was einmal herrliche, lebendige Korallen waren: scharfkantige Kalkskelette. Die Deluxe Zimmer liegen auf der Seite mit besserem Strand , wo aber auch die Lagune am flachsten ist, was bei Ebbe nur etwa einen Meter tiefes Wasser bedeutet.

Neben ihrer Lage unterscheiden sich die fünfzehn Deluxe Zimmer von den vierundneunzig Superior Zimmern nur dadurch, daß sie eine Badewanne haben, minimal größer sind und als Einzelbungalows an Stelle von Reihenhäuschen stehen. Zudem gibt es sechzehn Wasserbungalows. Alle Zimmer bieten Spitzenklasse. Die Inneneinrichtung vermittelt ein herrlich natürliches Gefühl, auch wenn es jeden Luxus gibt. Nirgends Plastik und selbst die Stühle und Liegen auf dem Deck sind aus Holz. Ein unauffälliges Holzschränkchen verbirgt den Satelliten-Fernseher mit Programmen wie DW, RAI oder BBC. Es gibt sogar eine Mini Hifi-Anlage, also bringen Sie Ihre CD´s und Cassetten mit. Und mit zwei Dosen Murphy's Irish Stout sowie Karaffen mit Rot-und Weißwein zeigt sich der Einfallsreichtum sogar in der Minibar .

Die ganze Resortanlage kann - besonders um die kleine Hauptbar herum – als eine gelungene Reminiszenz an den

Relativer Preis: 4

5 Zimmerdichte zu Inselgröße:

südostasiatischen Stil gelten. Hölzerne Gehwege führen beidseitig an einem Lilienteich und einer verborgenen, kühlen und ruhigen Bibliothek vorbei. Die Bar selbst ist wunderbar rustikal, wird aber nach dem Abendessen kaum frequentiert, da der Tauchgang am nächsten Tag wichtiger ist als die Abendunterhaltung.

Deutschsprachige Urlauber bilden die überwiegende Mehrheit hier. Rund fünfzehn Prozent sind Briten, ein paar Italiener, Japaner und andere Nationalitäen. Die meisten Gäste buchen Vollpension, was eine gute Wahl ist, allerdings nicht, wenn man abnehmen will. Ein irischer Chefkoch überwacht die ständig wechselnde, aber immer ausgezeichnete Buffetauswahl.

An der Spitze der Insel liegen der Coffee Shop, die Sunset Bar und der Swimming Pool. Einen Cappuccino schlürfend, können Sie von hier - am Pool und dem Strand vorbei - zur Lagune, dem Riffrand, dem offenen Meer und dem Himmel sehen; eine bezaubernde Harmonie von Blautönen die Filitheyo einfach unvergesslich macht.

Ferienanlage *tel:* 460025 *fax:* 460024
email: dhigufinolhu@palmtree.com.mv

Dose Bier	$4.00	Halbtags-Inselhüpfen:	$25
Lime juice:	$4.00	Fischen bei Sonnenuntergang:	$25
Mineralwasser:	$3.00		

Tauchzentrum Werner Lau

Ein Tauchgang, gesamte Ausrüstung:	$60
Fünf Tauchgänge, gesamte Ausrüstung:	$295
Zertifizierter Tauchkurs:	n/a

Four Seasons

Flug.......n/a
Schnellboot.....25 Min.
Dhoni.......n/a

Nordmalé Atoll

Wenn Sie an Ihrem eigenen kleinen Pool sitzen, einen kühlen Weißwein genießen und den Duft des tropischen Gartens einatmen, verliert die Zeit ihre Bedeutung und alle Sorgen verfliegen. Das Four Seasons hat Kuda Huraa (das vor fünfzehn Jahren noch beinahe das Rucksacktouristen Paradies der Malediven war) den Fünf-Sterne Zauber gebracht. Heute sieht es genauso aus, wie jedes andere Resort in der Spitzenklasse, und den Service kann man beruhigt als den Besten überhaupt bezeichnen.

Man hat den Eindruck, daß das Personal zufrieden ist. Dies spiegelt sich in der außerordentlichen Aufmerksamkeit wider, die für die Bedürfnisse und Wünsche eines jeden Gastes aufgebracht wird. Hier gibt es ein Maß an Kommunikation, Informationsübermittlung, passender Konversation und aufmerksamem Zuhören, das andere Resorts einfach nicht erreichen. Das Ergebnis davon sind wahrhaft entspannte Gäste.

Die gleiche Aufmerkamkeit spiegelt sich auch in Details der Innenausstattung und der Gartenanlagen wider. Dies ist keine Insel mit urtümlichem Dschungel; hier gibt es gepflegte Beete mit einheimischen Blumen und Büschen, mit duftendem Nachtjasmin und Tempelblüten, mit vielfältigen Hibiskusarten und Rosen. Doch noch nicht jedes Zimmer hat schon Anteil an ausgewachsenen Pflanzen, und die meisten der gepflanzten Palmen sind noch jung.

Vierzehn Strandbungalows teilen Sich einen wunderbaren, mit großblättrigen Pflanzen umrahmten Platz mit einem Tauchbecken, ausgeblichenem Holzdeck und einer von Bougainvillas beschatteten Liege. Die einzige Kuda Huraa Strand-Villa verfügt davon über eine noch größere und luxuriöser bepflanzte Version. Die anderen 41 Strandbungalows (einschließlich sechs mit der typischen Außendusche) liegen zwar direkt Richtung Resort, sind jedoch abgewandt von den Aktivitäten.

Die Räume sind in dezenter Einfachheit ausgestattet. Die Schränke sind eingebaut und TV, CD und Minibar, sind ebenfalls in Schränkchen verborgen. Gedämpfte Beleuchtung, weiche Baumwollstoffe und sanfte Farben beruhigen die Sinne; die von Blumen umrahmte Außendusche erfreut.

Wer die Aussicht liebt, muß allerdings einen Wasserbungalow wählen. Diese 34 Appartments haben im Schlafzimmer eine deckenhohes Panoramafenster Richtung Lagune, ein großes Fenster im Bad und natürlich eine eigene Veranda. Die vier „Navaranna" Wasser-Villen sind mehr als doppelt so groß, haben zwei Badezimmer und erfreuen sich einer Inneneinrichtung von exquisitem Minimalismus.

Stufen führen von der Veranda zur Lagune hinunter, die leider nichts Besonderes ist: Groß, seicht und fast ohne Korallen. Dies, und die ungünstigen Strömungsverhältnisse während der Gezeitenwechsel bewirken, daß weder schnorcheln noch schwimmen besonders viel Spaß machen.

Der große Swimming Pool, der direkt in die Lagune zu fließen scheint, ist fantastisch und mit seiner Pool-Bar der eigentliche Mittelpunkt der Insel. Zwei der drei Restaurants liegen in direkter Nähe. Abendessen am Pool, in der Erweiterung des Café Huraa im Brasserie Stil, ist sehr beliebt. Das Baraabaru ist das Spezialitätenrestaurant, das klassische Küche und Variationen der Südasiatischen Küche bietet. Das dritte Restaurant verfügt über eine feine mediterrane Speisekarte. Die Weinkarte ist wenig beeindruckend, aber am Essen - und speziell am Service – gibt es nichts auszusetzen.

Ferienanlage *tel:* 444888 *fax:* 441188
email: info@kudahuraa.com

Dose Bier	$5.50	Halbtags-Inselhüpfen:	$46
Lime juice:	$6.05	Fischen bei Sonnenuntergang:	$24
Mineralwasser:	$4.40		

Tauchzentrum Four Seasons

Ein Tauchgang, gesamte Ausrüstung:	$71
Sechs Tauchgänge, gesamte Ausrüstung:	$403
Zertifizierter Tauchkurs:	$594

Flug........n/a
Schnellboot......20 Min.
Dhoni.....45 Min.

FULL MOON BEACH

Nordmalé Atoll

NUR WENGE BOOTSMINUTEN VOM FLUGHAFEN ENTFERNT liegend, wurde Full Moon Beach umgebaut, um die Träume und Erwartungen einer kosmopolitischen Business Class zu erfüllen. Wenn Sie den barfüßigen, zurückgezogenen, orginal maledivischen Stil suchen, ist dieses Resort nichts für Sie. Hier wird Luxus geboten: Alle Einrichtungen eines modernen Resorts, gepaart mit der Klasse und dem Service eines Fünf Sterne Hotels. Und diese treffen am Swimming Pool aufeinander. Der größte und wahrscheinlich schönste Pool im ganzen Land ist mindestens genauso beliebt wie der Strand. Die Getränke am Pool werden von der angrenzenden Bar aus serviert, die sehr komfortabel ist und mit einem hübsches Sonnendeck in die flachen Lagune hineinragt, von dem man sogar Baby-Haie beobachten kann.

Verbunden durch eine verzierte Brücke liegen die Gemeinschaftsgebäude auf der anderen Seite des Pools. Hier finden Sie eine Karaoke Lounge, eine Piano Bar und ein voll ausgestattetes Business-Centre. Die Gebäude sind alle massiv und in einer Art monumentalem Stil, mit Säulen, und Holztraversen erbaut und von Bougainvila umrankt. Ganz neu ist jetzt der "Serena Spa" mit Ayurveda Behandlungen dazugekommen.

Die Bougainvilas bilden nur einen kleinen Teil der Blumenanlagen. Ein angestellter Pflanzenkundler und ein Heer von Gärtnern sorgen für wunderbar gepflegte Gärten. Nicht gerade besonders maledivisch, aber sehr attraktiv.

Auf der glockenförmigen Insel ist das breite Ende für den Servicebereich reserviert, während die Zimmer entlang der beiden Seiten liegen. Auf der einen Seite finden sich 52 Wasserbungalows, auf der anderen 104 Strandzimmer (in zweigeschossigen Blocks zu je vier). Alle Zimmer sind klimatisiert und von hohem Standard, und verfügen über Warmwasser, Fön, Minibar und Telefon.

Der Strand vor den Zimmern ist breit und lang, aber nicht von höchster Qualität, da

Relativer Preis: 6

Zimmerdichte zu Inselgröße: 9

die Strände zum großen Teil aus Lagunensand gewonnen wurden. Ergebnis ist ein etwas groberer Korallensand, der zwar zufriedenstellend, jedoch nicht ideal ist.

Die Lagune ist angenehm zum Schwimmen und es gibt auch einige gute Korallenbänke, die aber durch die größe der Lagune schnorchelnd kaum zu erreichen sind. Die allmählich abfallende Lagune ist zum Tauchen lernen ideal und für eine Insel mit ganz anderem Schwerpunkt, ist das Tauchen hier ziemlich beliebt. Verständlich bei 30 regulären und 40 möglichen Tauchgründen innerhalb eines 55-Minuten Radius.

Für weitere Aktivitäten steht ein Sportzentrum mit zwei neuen Tennisplätzen, einem Fitneßstudio, Sauna und Whirlpool (und zentraler Musikanlage, wie überall) bereit. Sie werden zwar nicht viel genutzt, doch sie sind vorhanden, falls einmal Bedarf besteht. Für die Kinder gibt's jetzt einen eigenen Spielplatz. Die meisten Gäste genießen aber ohnehin das Nichtstun.

Ferienanlage *tel:* 442011 *fax:* 441979
email: sales@unisurf.com

Dose Bier	$4.40	Halbtags-Inselhüpfen:	$44
Lime juice:	$4.40	Fischen bei Sonnenuntergang:	$22
Mineralwasser:	$4.40		

Tauchzentrum Full Moon

Ein Tauchgang, gesamte Ausrüstung:	$47
Fünf Tauchgänge, gesamte Ausrüstung:	$220
Zertifizierter Tauchkurs:	$450

Fun Island

Flug........n/a
Schnellboot.....45 Min.
Dhoni.....n/a

Südmalé Atoll

FUN ISLANDS IST VON DER NATUR NICHT BESONDERS GUT bedacht worden, aber die vom Menschen unternommenen Anstrengungen haben es in ein nettes und vor allem preiswertes Resort mit gutem Service, schöner Ausstattung und vielen Aktivitäten verwandelt.

Über den langen Anlegesteg kommend, sieht man bereits die sich beiderseits erstreckenden Strände der langen, schmalen Insel. Direkt dahinter liegen schon die Zimmer. Vor Ihnen befindet sich die Gruppe der sauberen und modernen „Gemeinschaftsgebäude". Die komfortable, an den Seiten offene Hauptbar liegt direkt rechts davon, mit Blick auf die Lagune.

Hinter dem Empfang mit seinem überaus freundlichen und hilfsbereiten Personal befinden sich in diesem großen (recht förmlich anmutenden) Gebäude die Geschäfte, ein Snooker- und ein Karaokeraum sowie eine Tischtennisplatte und der Fitneßraum. Direkt daneben liegen der Coffee-Shop mit Á-la-Carté Restaurant und das Hauptrestaurant.

Da die meisten Aktivitäten in diesem zentralen Bereich stattfinden, bleibt der übrige Bereich sehr ruhig. Bedingt durch die geringe Breite der Insel, liegen die Blocks mit den Zimmern Rücken an Rücken, wobei die eine Hälfte nach Osten zum Ozean hin, die andere Hälfte nach Westen Richtung Atoll schaut. Die Zimmer sind alle gleich: hell und sauber aber einfach eingerichtet, jedoch mit Klimaanlage, Minibar und gut ausgestattetem Bad.

Die niedrige, weiße Linie, der durch Mauern abgeteilten, identischen Zimmer macht einen etwas charakterlosen Eindruck, der aber eine Menge mit der Insel selbst zu tun hat. „Bodufinolhu" der einheimische Name der Insel bedeutet: Große Insel mit wenig Palmen. Der Boden hier ist dünn und sandig und obwohl viel angepflanzt wurde, wächst alles nur langsam und schwer.

Die Strände allerdings sind im Allgemeinen sehr gut. Überall auf der Insel können Sie aus Ihrem Zimmer treten und sich in weichen, feinkörnigen Sand legen. Die Lagune ist riesig und überall flach, was sie angenehm zum Schwimmen und Plantschen, aber nicht zum Schnorcheln macht. Der einzige Platz dafür ist das Ende des Anlegestegs. Hier versammeln sich die Gäste in lockerer Atmosphäre und verbringen den Tag mit Sonnenbaden, Plaudern und Schnorcheln.

Den wenigen Gästen, die hier tauchen gehen, gefällt es. Die Tauchschule wird von einem sehr erfahrenen Team auf eine angenehm geduldige und freundliche Art und Weise geleitet. Die Tauchgänge finden in kleinen Gruppen statt, und die etwas nördlich gelegenen Unterwasserkanäle um Guraidhoo und Kandooma zählen zu den besten Tauchgebieten im Land.

Relativer Preis

8

8

Zimmerdichte zu Inselgröße:

Das agile Wassersportzentrum ist gut ausgerüstet. Sie können Katamarane, Windsurfer und Kanus mieten oder Unterricht bekommen. Wasserski und Bananaboat sind weitere Optionen. Innerhalb der Lagune gibt es zwei hübsche, unbewohnte Inseln, die gerade in der richtigen Entfernung liegen, körperlichen Anstrengungen ein lohnenswertes Ziel zu bieten.

Während des Tages werden die üblichen Ausflüge zum Fischen und Inselhüpfen organisiert und am Abend ist normalerweise immer etwas in der Hauptbar los: Vom Krabbenrennen bis hin zu Live-Bands zweimal die Woche.

Trotz der Größe des Hauptrestaurants gibt das Essen keine Grund zur Klage. Neben Qualität und Vielfalt bietet die Küche immer wieder Überraschungen. Die abwechselnden Menüs und Buffets sind ausgezeichnet und fördern ganz offensichtlich das allgemeine Wohlbefinden.

Zur positiven Atmosphäre trägt das Gefühl bei, viel für sein Geld zu bekommen. Der Urlaub kann hier überraschend preiswert sein, da die Zimmerbelegung durch Sonderangebote hoch gehalten wird. So ist das Resort normalerweise voll aber jeder verbringt eine tolle Zeit.

Ferienanlage *tel:* 444558 *fax:* 443958
email: vilahtls@dhivehinet.net.mv

Dose Bier	$3.30	Halbtags-Inselhüpfen:	$30
Lime juice:	$3.30	Fischen bei Sonnenuntergang:	$40
Mineralwasser:	$3.85		

Tauchzentrum Delphis

Ein Tauchgang, gesamte Ausrüstung:	$58
Sechs Tauchgänge, gesamte Ausrüstung:	$348
Zertifizierter Tauchkurs:	$585

GANGEHI

Flug........20 Min.
Schnellboot.....120 Min.
Dhoni.....300 Min.

Ari Atoll, nordwestlich

GANGEHI IST EIN WUNDERSCHÖNES RESORT, das exclusiv vom italienischen Club Vacanza geführt wird. Der einzige große Makel ist die starke Sanderosion in den letzten Jahren.

Das Resort hat eine sehr hohe Zahl von "Wiederkehrern", und auch das Personal ist der Insel meist schon sehr lange treu, was ganz besonders wichtig für das gewisse "heimische" Gefühl ist. Monika, die frühere Managerin, schuf diese ruhige, gewachsene Atmosphäre, die noch immer vorherrscht. Sie kam 1972, als alles erst anfing, auf die Malediven und ihre Erfahrung von zehn Jahren hier und zehn Jahren zuvor auf Alimatha ist nicht zu übertreffen. Vor kurzem ist sie leider nach Kuda Rah gezogen.

Die Zimmer, das Restaurant und die Bar mit Aufenthaltsraum sind erstklassig. Die Bar steht auf Stelzen über dem Wasser und bietet beides: Tagsüber den Blick nach Süden zur Sonne und abends den Blick nach Westen zum Sonnenuntergang. Das Dekor aus dunkelbrauner und weißer Baumwolle vermittelt eine Aura von kühlem Komfort, die durch das große Aquarium in der Mitte und verschiedene antike, indische Möbelstücke noch verstärkt wird.

Vom Restaurant aus blickt man auf den weitläufigen Weststrand. Das Essen hier ist ausgezeichnet - Frühstück und Mittagessen als reichhaltige Buffets, wohingegen das Abendessen am Tisch serviert wird. Alle Getränke sind in diesem echten "all-inclusive" Resort kostenlos. Der Service ist persönlich und von höchstem Standard (einschließlich 24 Stunden Zimmerservice).

Die 25 Zimmer auf der Insel sind groß und gut arrangiert. Die Ausstattung ist wieder in dunklem Holz, Brauntönen und weiß gehalten. Diese sind mit dem Club Vacanza

Textildesign kombiniert, das von den traditionellen maledivischen Matten stammt und sich auf Tagesdecken und Vorhängen wiederholt. Alle Zimmer sind klimatisiert und verfügen über Telefon und Minibar. Die Bäder sind nicht groß, aber mit hochqualitativen Objekten und Armaturen ausgestattet und haben neben zwei Waschbecken und Bidet auch eine hübsche, altmodische, aber kräftige Dusche.

Relativer Preis: 3

Zimmerdichte zu Inselgröße: 6

Von den 25 Zimmer sind die acht Wasserbungalows, etwas größer als die anderen. 14 Zimmer finden sich entlang des Strandes aufgereiht und weitere drei, die sich im Inneren der Insel verstecken, liegen besonders ruhig und erscheinen angenehm "abgelegen".

Ein solider Holzsteg windet sich durch die urwüchsigen Bäume und blühenden Büsche, was einem das Gefühl vermittelt, auf einem Naturpfad durch das schattige Grün der ursprünglichen Malediven zu wandern.

Es ist eine Tragödie, was für einen bösen Streich die Erosion der Insel gespielt hat. In den letzten Jahren ist der Sand von der Ostseite zur Westseite getragen worden. 12 Bungalows haben so den Strand verloren, und man versucht jetzt mit je einer niedrigen Mauer auf der Insel und in der Lagune, die weitere Erosion aufzuhalten. So stehen die "Wasserbungalows" auf der Westseite jetzt nicht mehr im Wasser, sondern auf Sand. Und als wäre das noch nicht genug, so nehmen sie und ihre Zuwege auch noch den größten Teil des noch verbliebenen guten Strandes ein.
Für Taucher ist dies recht teure Resort immer noch seinen Preis wert, denn das gesamte Tauchen, wie auch alle Ausflüge sind kostenlos. Die Tauchgänge sind mindestens genauso gut wie andernorts, nur das sie hier in kleinen Gruppen durchgeführt werden und es keine Konkurrenz um die Tauchplätze gibt. In dieser ruhigen Ecke des Atolls ist man so gut wie allein.

Ferienanlage *tel:* 450505 *fax:* 450506
email: hcmmale@clubvacanza.com.mv

Dose Bier	incl.	Halbtags-Inselhüpfen:	incl.
Lime juice:	incl.	Fischen bei Sonnenuntergang:	incl.
Mineralwasser:	incl.		

Tauchzentrum Club Vacance

Ein Tauchgang, gesamte Ausrüstung:	incl.
Fünf Tauchgänge, gesamte Ausrüstung:	incl.
Zertifizierter Tauchkurs:	$400

Flug........n/a
Schnellboot.....40 Min.
Dhoni.....100 Min.

Nordmalé Atoll

GASFINOLHU

GASFINOLHU WIRD VON VALTUR, EINEM ITALIENISCHEN Reiseveranstalter geführt und ähnelt dem Club Vacanza oder Club Medge, ist aber aktiver und noch mehr 'clubby'. Von Natur aus keine hübsche Insel, hat man das Beste daraus gemacht. Die Haupzutaten eines Urlaubs hier sind ohnehin die spaßige 'all-together' Atmosphäre und das großartige Essen Der "all-inclusive" Preis beinhaltet schnellen Flughafentransfer, Vollpension und alle Sportarten außer Tauchen. Es gibt kein Wasserski, aber Katamarane, Kanus und Windsurfen oder auch Strand- Petanque oder Darts. Das Essen ist köstlich. Die drei italienischen Köche bereiten täglich eine wunderbare Auswahl für das Frühstücks- und Mittagsbuffet und das Abendmenü, wobei der Schwerpunkt natürlich auf italienischer Küche liegt. Alle paar Abende wird ein besonders umfang- und abwechslungsreiches Abendbuffet angerichtet.

Die 40 Einzelbungalows sind hell und ziemlich groß, haben aber nur eine kleine Dusche. Im maledivischen Stil, strohgedeckt

Relativer Preis:

6

10

Zimmerdichte zu Inselgröße:

und aus Korallenblöcken gebaut, sind sie von außen recht attraktiv. Die Inneneinrichtung wirkt einfach, aber ansprechend und solide. Es gibt weder Klimaanlage noch Minibar oder Telefon. Und obwohl auch das Innere dieser schmalen Insel nichts Besonderes ist, so erfreuen doch der saubere Eindruck und die mit Lilien eingefaßten Pfade zwischen den Bungalows den Gast.

Fast alles auf der Insel, passiert am Hauptstrand oder in der Bar/Lounge, die rechts und links der Jetty liegen. Hier versammelt sich tagsüber alles zum Sonnenbaden, Wassersport oder um an den verschiedenen organisierten Aktivitäten teilzunehmen. Das sind unter anderem Wasser-Aerobic, Darts, Petanque, Volleyball, Tischtennis und Kartenspiele. Das Personal veranstaltet sowohl die Mittagsunterhaltung, als auch abends ein Kabarett. Modenschauen, bei denen Strandtücher und Kleider aus dem Inselgeschäft vorgeführt werden, gehören zu den regelmäßigen Veranstaltungen.

Sucht man Ruhe und Stille, findet man sie am menschenleeren und schönen Strand auf der anderen Seite der Insel, obwohl er ziemlich klein ist und von Korallenbuhnen unterbrochen wird. Schwimmen in der flachen Lagune ist angenehm, aber zum Schnorcheln ist sie viel zu groß und leer. Tauchen ist hier nicht sehr beliebt, aber wenn man unbedingt tauchen gehen will, kann man in kleinen Gruppen einige, sowohl für erfahrene Taucher, als auch für Anfänger, erstklassige Plätze genießen.

Ferienanlage *tel:* 442078 *fax:* 445941
email:

Dose Bier	incl.	Halbtags-Inselhüpfen:	incl.
Lime juice:	incl.	Fischen bei Sonnenuntergang:	incl.
Mineralwasser:	incl.		

Tauchzentrum Gasfinolhu

Ein Tauchgang, gesamte Ausrüstung:
Fünf Tauchgänge, gesamte Ausrüstung:
Zertifizierter Tauchkurs:

GIRAVARU

Flug........n/a
Schnellboot.....40 Min.
Dhoni.....100 Min.

Nordmalé Atoll

WENN SIE EINEN GUTEN STRAND UND EINE SCHÖNE Lagune auf einer kleinen Insel unweit von Malé suchen, dann könnte dies Ihr Ziel sein. Das Resort ist, gemessen an Standard und Einrichtungen recht preisgünstig, wobei man aber leider kaum eine Stelle findet, die nicht überdacht oder betoniert ist.

In nur wenigen Minuten bringt Sie ein Boot vom Flugplatz in diese "einsame" Südwest Ecke des Malé Atolls. Delphine sieht man täglich, gelegentlich patroullieren graue Riffhaie nahe der Jetty, und ein Boot, dessen Kapitän sich am Riff verschätzt hat, liegt im seichten Wasser. Tauchen, Schnorcheln und Sportfischen sind hier so gut wie überall auf den Malediven.

Die sechzig Zimmer wurden gleichmäßig zwischen West- und Ostseite aufgeteilt. Ein zweistöckiger Block mit zwölf Zimmern liegt dazwischen, auf der schmalen Südseite. Ein schöner, mit vereinzelten Buhnen befestigter, Strand erstreckt sich entlang der drei Seiten. Der Strand im Westen überblickt eine große Lagune, die ideal für Wassersport und Tauchunterricht ist. Der andere Strand im Osten ist mit seinem steilen Riff ideal zum Schnorcheln.

Die Entfernungen auf der Insel sind kurz und es gibt nur die Zimmerkategorie deluxe. Diese Räume sind geräumig, hell und gut eingerichtet wobei immer noch nicht alle den selben Pflegestandard haben, insbesondere was die Bäder angeht. Bei einigen fehlt leider auch der "Gifili" im Bad. Alle anderen Einrichtungen wie Satelliten TV, Minibar, Fön, Wasserkrug sind gleich.

Ungefähr die Hälfte der Gäste bucht

Relativer Preis:

9

9

Zimmerdichte zu Inselgröße:

Vollpension, die andere Hälfte teilt sich gleichzahlig in Halbpension und all-inclusive auf. Für die all-inclusive Gäste sind alle Getränke einschließlich der Spirituosen kostenlos, allerdings nur bis Mitternacht. Windsurfen und Kanu fahren sind enthalten, Ausflüge nicht. Das Mittagessen wird als Tagesmenü (gut) serviert, das Abendessen als Buffet. Jeden Samstag gibt es für alle ein Abendessen im Garten und der gelegentliche, ausgezeichnete Grillabend wird den Gästen mit Voll- und Halbpension nicht berechnet. Ein nettes Café, mit Blick über den Bootssteg (und mit Glück zu den Delphinen), serviert den ganzen Tag über leckere Gerichte.

Zwei Drittel der Gäste sind Italiener, das verbleibende Drittel setzt sich in der Mehrzahl aus Briten und einige Österreichern, Russen und Holländern zusammen. Obwohl ab sechs Uhr abends bereits eine Bar geschlossen wird, ist abends nicht wirklich etwas los. Das hat vermutlich weniger mit der Nationalitätenmischung zu tun als mit den müden Gästen. Keinesfalls aber liegt es am freundlichen und hilfsbereiten Personal, das zu jeder Zeit sein Bestes gibt.

Noch ist unklar, welche Position Giravaru genau im Markt einnimmt, aber sicher ist: Wenn Sie Ihren Urlaub hier zu einem halbwegs günstigen Preis bekommen, werden Sie sich bestimmt wohlfühlen.

Ferienanlage *tel:* 440440 *fax:* 444818
email: giravaru@dhivehinet.net.mv

Dose Bier	$3.30	Halbtags-Inselhüpfen:	$20
Lime juice:	$4.40	Fischen bei Sonnenuntergang:	$10
Mineralwasser:	$3.30		

Tauchzentrum Max

Ein Tauchgang, gesamte Ausrüstung:	$44
Fünf Tauchgänge, gesamte Ausrüstung:	$220
Zertifizierter Tauchkurs:	$480

Flug........40 Min.
Schnellboot......n/a
Dhoni.....n/a

Hakura Club

Meemu Atoll

Als einfaches, all-inclusive Resort konzipiert, hat Hakuraa zwar eine Menge guter Seiten, es ist jedoch von seiner Lage her benachteiligt. Die riesige, seichte Lagune führt dazu, daß man fünfhundert Meter bis zum Ende des Steges gehen muß, um in hüfttiefes Wasser, und weitere vierhundert Meter um zum Hausriff zu gelangen. Das Personal gibt sich jedoch größte Mühe, diesen Nachteil geringfügig zu halten und Ihren Aufenthalt erholsam und stressfrei zu gestalten.

Zweimal täglich bringt ein Dhoni die Gäste zum Hausriff und einmal pro Woche findet ein ganztägiger Schnorchelausflug statt. Ein regelmäßiger, kostenloser Transfer zu einer Plattform an der Riffkante ist derzeit geplant. Die Schnorchelausrüstung ist kostenlos und der Fischbestand ist gut, aber wie auch andernorts: Wer lebende Korallen beobachten will, sollte tauchen gehen. Die Tauchschule ist klein, aber freundlich und gut ausgerüstet, und da dies eines von nur zwei Resorts auf diesem neuen Touristenatoll ist, sind die Tauchplätze noch unberührt. Ein Unterwassserkanal in der Nähe bietet ausgezeichnetes Tauchen für Anfänger und Experten, obwohl man hauptsächlich an Thilas und Giris taucht. Abwechslung bietet ca. neunzig Minuten entfernt das Wrack eines Frachters - seine ehemalige Ladung Kühl- und Gefrierschränke noch immer an Bord.

"Dive and Sail" betreibt - wie der Name schon sagt - sowohl das Wassersportzentrum als auch die Tauchschule. Als Teil des all-inclusive Angebots sind die Surfbretter kostenlos, für Kanus und Katamarane muß zusätzlich bezahlt werden. Und für Zeiten der Ebbe, in denen Wassersport nicht möglich ist, liegen als Alternative einige hübsche, unbewohnte Inseln innerhalb der Lagune, die ideal für persönliche Erkundungstouren sind.

Organisierte Resort-Ausflüge bestehen aus der üblichen Angeltour und Inselhüpfen. Keiner davon ist im Pauschalangebot enthalten, aber gerade Besuche auf den einheimischen Inseln sind ein Erlebnis, da diese vom Tourismus bisher relativ unberührt blieben.

Die Windsurf- und Schnorchelausrüstung ist in "all-inclusive" ebenso eingeschlossen wie Vollpension, "Tea Time" und kostenlose

Relativer Preis:

8

8

Zimmerdichte zu Inselgröße:

Getränke. Der Hauswein ist nur zum Mittag- und Abendessen erhältlich. Spirituosen werden gesondert berechnet.

Das Essen ist ausgezeichnet und abwechslungsreich. Das Restaurant mit Bar und Rezeption ist ein helles, geräumiges Gebäude unter einem weißen, pavillionartigen Überdach. Dieser ungewöhnliche, aber ansprechende Stil der weißen, zeltartigen Dächer, die auf der ganzen Insel aus der Vegetation hervorragen, erinnert an ein mittelalterliches Zeltlager. Es fehlen nur noch ein paar Standarten.

Alle siebzig Wasserbungalows sind durch einen langen Brettersteg miteinander verbunden. Die meisten liegen, um viel Sonne einzufangen, nach Süden hin, wobei auf einer Seite leider einige nur in Richtung Sonnenaufgang blicken. Sie sind Innen größer als sie von außen erscheinen, was möglicherweise an der Einfachheit der Einrichtung und der Kombination konischer Dächer mit einer eckigen Basis liegt. Die vorhandene Klimaanlage hat arge Probleme, den Raum mit dem zwar weißen, aber aus PVC bestehendem Dach, zu kühlen.

Die Betten sind bequem und das Bad recht schick. Es gibt keine Fenster, doch die großen, gläsernen Schiebetüren entlang der Wasserseite sorgen für Licht, Luft und Ausblick. Die private Atmosphäre im Inneren endet abrupt, sobald man auf die Veranda heraustritt: Hier ist man völlig ungeschützt vor den Blicken der Nachbarn auf beiden Seiten. Ein Sichtschutz ist geplant.

Neben den Wasserbungalows existieren auch einige Zimmer an Land, die - offiziell für Überbuchungssituationen gedacht - von manchen Gästen aufgrund der größeren Privatspähre und der Nähe zum Strand vorgezogen werden.

Auf die Insel reisen mehrheitlich Deutsche, die restlichen rund 40% stellen Briten, Italiener, Japaner und Franzosen.

Ferienanlage *tel:* 460014 *fax:* 460013 *email:* hakura@dhivehinet.net.mv

Dose Bier	$3.30	Halbtags-Inselhüpfen:	$20
Lime juice:	$4.40	Fischen bei Sonnenuntergang:	$10
Mineralwasser:	$3.30		

Tauchzentrum Dive & Sail

Ein Tauchgang, gesamte Ausrüstung:	$55
Fünf Tauchgänge, gesamte Ausrüstung:	$275
Zertifizierter Tauchkurs:	$460

Flug........20 Min.
Schnellboot.......n/a
Dhoni.....n/a

Halaveli

Ari Atoll, nordöstlich

Halaveli ist die Art von Resort zu dem man

Jahr für Jahr gerne zurückkehrt. Strände feinsten, weißen Sandes und erstklassiges Tauchen sind Verlockung genug, aber nicht unbedingt selten auf den Malediven. Die wirkliche Anziehungskraft dieser Anlage ist ihre Atmosphäre: Über viele Jahre hinweg vom gleichen Management und mit dem gleichen Personal aufgebaut, ist sie wahrhaft einladend und voll entspannter Lebensfreude.

Einen erheblichen Beitrag leistet natürlich auch die sehr gute Ausstattung. Der feinsandige Strand, der die ganze "D"-förmige Insel umschließt, läuft an zwei Stellen in riesigen Sandzungen aus. Einer dieser Ausläufer erstreckt sich direkt vor der gen Westen gelegenen Bar in der allabendlich viele Gäste zusammenkommen, um den Sonnenuntergang zu beobachten.

Insgesamt ist Halaveli nicht so 'clubby' wie andere italienische Anlagen. An Stelle von Animation, werden die Gäste mit Erfolg dazu ermuntert, die *echten Malediven* im und unter Wasser zu erleben und Ausflüge zu unternehmen. So ist die geschäftigste Zeit des Tages der Morgen, wenn die Boote zum Schnorcheln und Tauchen, zum Fischen oder einem Inselbesuch ablegen.

Für eine italienische Anlage ist Tauchen hier außerordentlich beliebt. Einer der vielen Gründe dafür sind die drei geschützten Marine-Parks in unmittelbarer Nähe. Einer davon gilt als das größte Schutzgebiet für den Weißspitzen-Riffhai auf den Malediven, einer ist bekannt für seine große Anzahl an grauen Riffhaien und das dritte ist einmalig in seiner Vielfalt an Korallen und kleinen Rifffischen. Das Fünf Sterne Tauchzentrum garantiert eine gute Ausbildung und Führung.

Die 56 Bungalows sind im rauhen Stil der Malediven, strohgedeckt und mit unverputzten Wänden aus Korallen und Mörtel, erstellt. Fast alle liegen etwas zurückversetzt vom Strand im Schatten hoher Palmen. Ihr Inneres ist im europäischen Stil der Jahrundertwende dekoriert; behaglich, mit dunklem Holz, Schnitzereien und Tapeten, ergänzt durch unaufdringliche Blumenstoffe. Telefon, Minibar und Klimaanlage, sowie moderne Bäder mit einer guten Dusche und (reichlich) Warmwasser runden die Ausstattung ab.

Etwa achtzig Prozent der Gäste hier sind Italiener, Franzosen und Japaner stellen den Rest. Ein ständig auf der Insel lebender Arzt sichert die medizinische Versorgung. Obwohl es keine speziellen Einrichtungen für Kinder gibt, so kümmert man sich doch rührend um sie.

Das Empfangsgebäude vermittelt einen etwas provisorischen Eindruck, da es weder besonders solide noch attraktiv ist. Zusammen mit dem nur mäßig guten Hausriff macht das die beiden größten Nachteile der Anlage aus. Aber wenn Sie sich erst einmal von ihrem Ambiente haben verführen lassen, sind diese schnell vergessen und auch Sie werden bald von Wiederkehr reden. Tatsächlich kommt auch das Personal genauso oft wieder hierher zurück wie viele Gäste, was ganz maßgeblich zu dem "heimischen" Gefühl und den reibungslosen Abläufen in diesem Resort beiträgt.

Relativer Preis: 10

Zimmerdichte zu Inselgröße: 6

Ferienanlage *tel:* 450559 *fax:* 450564
email: halaveli@dhivehinet.net.mv

Dose Bier	$2.75	Halbtags-Inselhüpfen:	$50
Lime juice:	$3.30	Fischen bei Sonnenuntergang:	$20
Mineralwasser:	$3.30		

Tauchzentrum T.G.I.

Ein Tauchgang, gesamte Ausrüstung:	$46
Sechs Tauchgänge, gesamte Ausrüstung:	$276
Zertifizierter Tauchkurs:	$420

Helengeli

Flug........15 Min.
Schnellboot......120 Min.
Dhoni.....n/a

Nordmalé Atoll

Dies ist die abgeschiedenste Ferienanlage im Malé Atoll. Den Gästen hier gefällt das sehr, denn auch Helengeli ist eine große Tauchinsel. Exclusiv von Manta Reisen geführt (aber nicht mehr unter schweizer Leitung), sind zwei Drittel der Gäste Schweizer. Der Rest verteilt sich auf Deutsche, Österreicher, Italiener und Briten.

Ursprünglich im Jahre 1979 erbaut, wurde die Anlage unlängst komplett renoviert und im Dezember 1996 wiedereröffnet (und war schon zu Weihnachten überbucht). Die Bar und das Restaurant wurden erweitert und modernisiert, eine nagelneue Rezeption entstand und alle Zimmer erhielten Klimaanlage und warmes und kaltes Süßwasser.

Keines der Gebäude indes ist vom Wasser her sichtbar, denn man hat nur wenig von der dichten Vegetation der Insel gelichtet. Die reiche Vogelwelt zeugt von diesem naturbelassenen Zustand. Das östliche Drittel der Insel ist ungenutzt. Dieser, zum offenen Meer hin liegende Teil wird jährlich vom Nordostmonsun heimgesucht und auch zum Schnorcheln und Tauchen ist es hier zu gefährlich.

Die nördliche Seite verfügt über die schöneren Strände als die Südseite (sofern hier manchmal überhaupt welche existieren). Das macht zwar gelegentlich wechselnde Zimmerbelegung notwendig, aber dafür befinden sich weder Buhnen noch Stützmauern oder Wälle in der Lagune. Diese ist recht klein und voller Korallen weshalb auf ein Wassersportzentrum verzichtet wurde. Entschädigt wird man durch das Schnorcheln in einem der anerkannt besten Hausriffe der Malediven.

Unbegleitete Tauchgänge am Hausriff sind bis in den Abend hinein erlaubt. Im Großen und Ganzen hält sich das Personal des Tauchzentrums ziemlich zurück, da hier fast alle Taucher fortgeschritten sind und viele sogar hunderte von Tauchgängen im Logbuch haben. Aus diesem Grund gibt es auch nur sehr wenige Tauchkurse und die Einweisungen finden auf ad hoc Basis statt, um die weniger Erfahrenen auf die vorhandene Bedingungen vorzubereiten. Die Taucher tragen sich jeweils für ein Boot ein und bleiben auf diesem. Auf diese Weise lernt der Tauchleiter die einzelnen Taucher und ihren Leistungsstand, und die Taucher sich untereinander kennen.

Relativer Preis: 8

Zimmerdichte zu Inselgröße: 3

Durch die Abgeschiedenheit der Insel entfällt die Konkurrenz um die Tauchplätze. Hier gibt es, wie man sagt, kein ‚Blasentauchen'. Zumeist macht man Graben- oder Thila-Tauchgänge, die manchmal erst in zwanzig Metern Tiefe beginnen und oft mit beachtlichen Strömungen verbunden sind. Aufregend, aber nichts für Neulinge. Ein gutes Beispiel dafür ist Helengili Thila, nur 50 Meter vom Ufer entfernt. Die Spitze liegt in zwölf Metern Tiefe und die Strömung ist oft gefährlich, aber wie Tim Godfrey in "Dive Maldives" schreibt: "Helengeli ist, was den Reichtum der Unterwasserwelt anbetrifft, schier unschlagbar ". Er nennt einige der großen Fischarten: Weißspitzen Riffhai, Barrakuda, Thunfisch, Trevally, Black Snapper und einen gigantischen, 1.6 Meter langen, hier heimischen Zackenbarsch. Ich selbst habe auf meinem Weg zu dem Resort, im tiefen Wasser eine riesige Lederschildkröte auf die Insel zuschwimmen sehen.

Das neue *Ocean-Pro* Tauchzentrum ist groß und zweckmäßig und verfügt ausschließlich über neue Geräte. Und obwohl hier täglich rund achzig Flaschen gefüllt werden, so macht es doch einen unausgelasteten Eindruck. Die Gäste packen Ihre Ausrüstung etwa eine halbe Stunde vor dem Tauchgang selbst zusammen. Die wird dann für sie auf's Boot und auch wieder herunter gebracht, so daß genug Zeit bleibt, sich vorzubereiten, bzw. die persönlichen Sachen nach dem Tauchgang zu waschen und zu trocken.

Wenn Sie Disco, Unterhaltung und Party bis zum frühen Morgen brauchen, ist dies keine Insel für Sie. Wollen Sie aber *nichts als Tauchen*, gibt es kaum ein beseres Ziel.

Ferienanlage *tel:* 444615 *fax:* 444615
email: engeli88@dhivehinet.net.mv

Dose Bier	$3.30	Halbtags-Inselhüpfen:	$29
Lime juice:	$3.30	Fischen bei Sonnenuntergang:	$15
Mineralwasser:	$3.30		

Tauchzentrum Ocean Pro

Ein Tauchgang, gesamte Ausrüstung:	$44
Fünf Tauchgänge, gesamte Ausrüstung:	$220
Zertifizierter Tauchkurs:	$480

HILTON

Flug........35 Min.
Schnellboot.......auf Wunsch
Dhoni.....n/a

Ari Atoll, süd westlich

DEM HILTON IST ES NUN GELUNGEN, DIE INSEL RANGALI auf den üblichen hohen Standard zu bringen. Zwar hat es nach der Übernahme ein paar Jahre gedauert, bis das mittelmäßige Resort in den erstklassigen Ferienort verwandelt war, den man von einem Hilton erwartet, aber heute sind Resort und Wellness-Center echte Spitzenklasse. Eine eigene Welt, fern der bekannten Hilton Stadthotels.

Ein Indikator für die Veränderungen ist der Wellness-Bereich. Zunächst gab es gar keinen, dann ein *Clarins* Beauty Centre und heute führt *Raison d´Etre* hier ein herrliches Wellness-Center, das z.B. wunderbare Anwendungen oder belebende südindische Heilmassagen anbietet.

Die Küche ist jetzt wundervoll, und dank Mark, dem jungen australischen Chefkoch, werden Sie wohl nirgends im Land besseres Essen finden. Zweimal wöchentlich wird im Rahmen einer "maledivischen Nacht" ein Menü im Bereich um den Pool serviert. Die Snacks die man mittags an der Hauptbar erhält sind schmackhaft und preiswert. Etwas ganz besonderes ist das runde, an den Seiten offene und direkt über der Lagune gelegene Spezialitätenrestaurant; ein erstklassiges Abendessen, hier unter den Sternen, wird zu einem unvergeßlichen Erlebnis.

Für Hotels wie dieses, die es gewohnt sind die Wünsche der Wohlhabenden zu erfüllen, existieren scheinbar keine Grenzen des Möglichen: So können Sie z.B. eine in der Bucht vor Anker liegende Yacht mieten, und sich das Essen Gang für Gang hinausbringen lassen, oder ein privates Barbecue vor Ihrem Zimmer oder gar am äußersten Ende des Strandes arrangieren. Nichts scheint dem gewissenhaften und einsatzbereiten Management zu viel Mühe zu sein.

Der Natur aber steht Hilton machtlos gegenüber, so daß die Lagune leider ein paar Nachteile aufweist. Das Resort besteht aus zwei Inseln, und die Lagune ist bis auf an der Ostseite der Hauptinsel (ins Atoll hinein blickend) überall sehr flach. Diese Osteite ist auch die einzige, an der der Riffrand nahe genug zum Schnorcheln heranreicht. Die Strände allerdings sind überall breit und feinsandig, und Dank des erfolgreichen Bepflanzungsprogramms stehen - zumindest auf der Hauptinsel - überall Schatten spendende Palmen.

Die zweite Insel ist durch einen Steg und eine Fähre angebunden. Hier gibt es zwar kaum Palmen, kein gutes Schnorcheln und auch die Lagune ist sehr seicht, aber man findet das, wofür viele Leute um die halbe Welt reisen: absolute Ruhe. Neben den dreißig Wasserbungalows steht auf der Insel nur ein weiteres kleines strohgedecktes Gebäude, das als separater Check-in, Lounge, Frühstücksraum und Snack-Bar dient. Die Bungalows selbst sind wunderschön: großzügig, ganz aus Holz und luxuriös mit Extras wie Mini-Hifi, Espresso Maschine, kostenlosem Trinkwasser und einer Badewanne mit Blick auf die, irgendwo über Afrika untergehende, Sonne.

Die hundert Strandbungalows auf der Hauptinsel wirken in ihrem modernen, minimalistischen Stil ebenfalls sehr gediegen. Das gesamte Innendesign ist eine wahre Wonne. Weiße Wände, Korallen, Holz, Stoffe in sonnigen Farben und sandige Böden bilden eine gelungene Kombination aus Gelassenheit und teurem Geschmack.

Und dennoch ist es hier günstiger als anderswo in der Topclass. Also, genießen Sie!

Ferienanlage *tel*: 450629 *fax*: 450619
email: hilton@dhivehinet.net.mv

Dose Bier	$4.00	Halbtags-Inselhüpfen:	$65
Lime juice:	$3.00	Fischen bei Sonnenuntergang:	$15
Mineralwasser:	$4.00		

Tauchzentrum Subaqua

Ein Tauchgang, gesamte Ausrüstung:	$66
Sechs Tauchgänge, gesamte Ausrüstung:	$294
Zertifizierter Tauchkurs:	$500

Relativer Preis: 4

7 Zimmerdichte zu Inselgröße:

Flug........35 Min.
Schnellboot......150 Min.
Dhoni.....n/a

HOLIDAY ISLAND

Ari Atoll, südlich

VERGLEICHT MAN, DAS ANGEBOT DIESER ANLAGE

mit den Preisen, so sei der Schluß erlaubt, daß dies eines der preiswertesten Resorts im Land ist. Es ist sehr groß und mutet nicht unbedingt "maledivisch" an, hat aber alles was man sich wünschen kann und der Service sucht seinesgleichen.

Bis auf die 18 Doppelhäuschen mit Verbindungstür (für Familien) bestehen die 142 identischen Zimmer aus Einzelbungalows. Sie sind geräumig, solide gebaut, perfekt gepflegt, und die aus Singapur importierte Ausstattung ist überall von höchster Qualität. Minibar, Fön, Telefon (sogar im Bad) und Satelliten TV mit Großbildschirm und Boxen runden das Bild ab. Ein Teil des Bades und eine der beiden kräftigen Warmwasserduschen liegen landestypisch unter freiem Himmel. Das einzige Gemälde im Zimmer zeugt leider von etwas zweifelhaftem Geschmack.

Eine Zimmertür öffnet zum Strand, während die andere zu dem schmalen Pfad hinführt, der sich um das gesamte Innere der Insel windet. Innerhalb dieses gepflasterten Weges wachsen sorgsam gepflegte Büsche, Blumen, Palmen und Obstbäume, und täglich wird eine Gruppe Frauen vom benachbarten Maamigili herübergebracht, um die schneeweißen Böden zu fegen.

Jeweils am Ende des Pfades, auf den entgegengesetzten Seiten der Insel, liegen das Wassersport- und das Tauchzentrum. Das komplett (incl. Parasailing) ausgerüstete und von einem begeisterten, jungen Team geführte Wassersportzentrum, liegt geradezu perfekt an einem ausgezeichneten, breiten Strand mit einer steil abfallenden Lagune. Das Tauchzentrum hat seinen eigenen kleinen Steg, von dem die drei Boote zweimal täglich herausfahren. In dieser Region liegen die bekanntesten Tauchgebiete des Atolls, mit einer Vielzahl abwechslungsreicher Plätze. Die große Beliebtheit führt aber leider auch dazu, daß man häufig Tauchgruppen von Nachbarinseln oder Safaribooten antrifft.

Ist die Anlage voll belegt, hat man die Strände natürlich nicht für sich allein, aber

Relativer Preis: 6

9

Zimmerdichte zu Inselgröße:

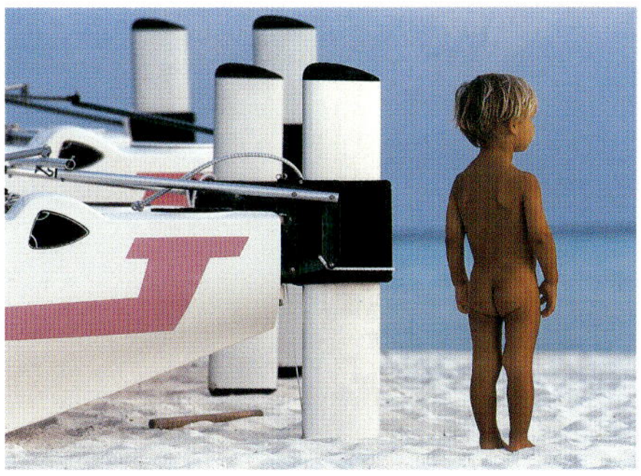

es wirkt auch dann nie gedrängt, da diese sich beinahe um die ganze Insel herumziehen (etwas Erosion im Nordosten). Der südliche Strand ist besonders gut und hat natürlich den ganzen Tag über Sonne. Im Norden besteht er aus einer Reihe kleiner Strände zwischen kleinen, niedrigen Buhnen. Die Lagune ist zu groß, um vom Strand erreicht werden zu können, aber Schnorchler haben viermal täglich die Gelegenheit mit dem Boot zum Rand des Riffs und einmal wöchentlich noch weiter hinaus zu fahren.

Tischtennis, Volleyball, Basketball, Badminton, Tennis und ein Fitness-Studio mit Sauna und Dampfbad sind weitere, kostenlose Aktivitäten. Das Fischen - tagsüber, nachts oder früh morgens vom Trawler - kann Entspannung oder Anstrengung sein, je nach dem wie ernst Sie es nehmen.

Abends geht die Unterhaltung weiter. Zweimal pro Woche Karaoke und Disco, einmal wöchentlich eine Live-Band, Krabbenrennen und eine Strandparty. In der Hauptbar werden Getränke serviert, bis der letzte Gast gegangen ist und zusätzlich steht ein 24h Zimmerservice bereit.

Dies ist keine Insel für diejenigen, die die ruhige, natürliche maledivische Lebensart suchen (das weitläufige, fast sterile Rezeptionsgebäude macht Ihnen das sofort klar). Doch in Sachen Aktion, Spaß, vielen Möglichkeiten und ausgezeichnetem Service zu einem fairen Preis ist dies Resort unschlagbar. Achtzig Prozent der Gäste sind Deutsche und Schweizer, zehn Prozent Italiener und weitere zehn Prozent entfallen auf andere Nationalitäten.

Ferienanlage *tel:* 450011 *fax:* 450022
email: holiday@dhivehinet.net.mv

Dose Bier	$2.95	Halbtags-Inselhüpfen:	$33
Lime juice:	$4.00	Fischen bei Sonnenuntergang:	$28
Mineralwasser:	$2.75		

Tauchzentrum Calypso

Ein Tauchgang, gesamte Ausrüstung:	$45
Fünf Tauchgänge, gesamte Ausrüstung:	$215
Zertifizierter Tauchkurs:	$399

IHURU

Flug........n/a
Schnellboot......30 Min.
Dhoni.....n/a

Nordmalé Atoll

IHURU IST EINE BILDERBUCHANLAGE, IN DER man große Rücksicht auf die Umgebung nimmt. Besonderer Stolz der Insel sind ihr Fischreichtum und die Korallengärten. Umweltfreundlichkeit und Harmonie ist die Philosophe.

Das Wasser in allen Zimmern wird solarbeheizt, Lampen sind energiesparend, verwendete Waschmittel sind biologisch abbaubar, und der gesamte Abfall wird sorgfältig entsorgt. Jedem Besucher wird vermittelt, welches Verhalten nötig ist, um diese perfekte Lagune und Riffformation zu erhalten.

Insel und Riff sind wie zwei ineinander liegende, fast perfekte Kreise. Abgesehen von der gesäuberten Stelle um den Anlegesteg herum, wachsen die Korallen im Überfluß. Das beginnt schon wenige Meter vom Strand entfernt und geht bis zur Kante, wo das Riff steil nach unten abfällt. Unbestritten gehört es damit zu den allerbesten Hausriffen des Landes, und trotz der zurückliegenden Korallenbleiche ist Schnorcheln allein wegen der gewaltigen Vielfalt an Fischen noch immer eine lohnende Beschäftigung,

Nachttauchen am Riff ist ein weiteres "Highlight" direkt vor der Tür. Sollte man davon je genug bekommen, stehen 35 weitere Plätze im Umkreis von nur einer Stunde mit dem Dhoni zur Verfügung. Werner, der neue Leiter der Tauchbasis, wurde von seinem Vorgänger Robert, dem erfahrenen und langjährigen Leiter der Station, ausgebildet und eingearbeitet.

Und dann der Strand - auch dieser ist im Verhältnis zur Inselgröße, wahrscheinlich der Beste im Land. Der durchaus bewundernswerte Grundsatz, keine Mauern oder Buhen zu bauen, führt allerdings dazu, daß die Strände sich mit jedem Monsun um die Insel herum verschieben. Mit der Zeit scheint das zu Erosion an der Nordost Ecke (neben der Bar) und einer Erweiterung des Südweststrandes zu führen. Um dem entgegenzuwirken wird der Strand jeweils vor dem Wechsel der Jahreszeiten mit

Sandsäcken befestigt. Dieser "low-tech" Ansatz, der in den kommenden Jahren hoffentlich größtmöglichen Erfolg bringt, ist eine typische Idee Mujtabas, dem langjährigen Eigner der Insel.

Fünfundvierzig identische, weiße Bungalows mit Strohdach, stehen dicht nebeneinander am äußeren Rand der Insel. Auf jeder Veranda gibt es eine bezaubernde traditionelle hölzerne Schaukel und zwei weniger hübsche weiße Plastikliegen. Die Zimmer sind hell und sauber und auch ohne Klimaanlage kühl genug. Telefon, Kühlschrank, Tresor und Fön sind Standard. Die Dusche hat zu einer Seite eine kleine offene Nische mit Sand und Grünpflanzen und bietet zwar genügend heißes Wasser, allerdings nur mit einem schwachen Strahl.

Das Restaurant sieht etwas altmodisch aus,

Relativer Preis:

7

8

Zimmerdichte zu Inselgröße:

Ferienanlage *tel:* 443502 *fax:* 445933
email: ihuru@dhivehinet.net.mv

Dose Bier	$3.00	Halbtags-Inselhüpfen:	$35
Lime juice:	$3.50	Fischen bei Sonnenuntergang:	
Mineralwasser:	$3.25		

Tauchzentrum Dive Society

Ein Tauchgang, gesamte Ausrüstung:	$50
Fünf Tauchgänge, gesamte Ausrüstung:	$250
Zertifizierter Tauchkurs:	$490

am Essen jedoch ist nichts auszusetzen. Es gibt nur Vollpension mit Frühstücksbuffet, sechs abwechselnden Mittagsbuffets und einem Abendbuffet. Das Frühstück ist ausgesprochen gut. Es gibt richtigen Kaffee, Müsli, Joghurt und Früchte sowie eine Auswahl an frischen Fruchtsäften (z.B. Fruchtmix, Maracuja und Grapefruit)

Ihuru ist eine sehr kleine und ruhige Insel, auf der Gäste nur den äußeren Bereich nutzen dürfen. Wenn Sie also viel Platz für sich brauchen oder bis in die Nacht feiern wollen, wird Ihuru nichts für Sie sein. Für die verschiedenen Europäer (meist Italiener und Schweizer) und Japaner, die hierher kommen, ist es das Paradies.

Kandooma

Flug........n/a
Schnellboot.....35 Min.
Dhoni.....150 Min.

Südmalé Atoll

"Kommen Sie nach Kandooma für gutes Tauchen und günstige Unterkunft!". Entgegen dieses allgemein vorherrschenden Images, haben die vor kurzem vorgenommenen Umbauarbeiten sichtbare Verbesserungen gebracht und das ganze Resort deutlich aufgewertet. In der Lagune sind ein neuer Hafen für Safari Boote und ein beträchtlich vergrößerter Strand entstanden, an dem jetzt sogar ein Swimming-Pool seinen Platz gefunden hat.

Sämtliche Möbel und Innendekorationen wurden erneuert. Die 102 Zimmer sind entweder Standard, "Beach Superior" oder Bungalows, wobei aber nur die hellen und recht hübschen "Beach Superior"- Zimmer und Bungalows klimatisiert sind. Die Standard Zimmer sind noch immer sehr einfach, aber alle verfügen über Süßwasser.

Geht es ums Tauchen, ist Kandooma durch seine unmittelbare Nähe zu den phantastischen Tauchgründen immer erste Wahl. Keine andere Insel bietet eine so große Vielfalt von erstklassigen Tauchgängen. Direkt am Rande des Hausriffs eröffnet sich eines der "Wunder der Unterwasserwelt der Malediven" um das Buch "Dive Maldives" zu zitieren: Die *Kandooma Höhlen* sind die größten bekannten Unterwasserhöhlen aller Touristenatolle.

Wenige Minuten entlang eines Grabens liegt Kandooma-Thila. Mit seinen wunderschönen Formationen und Schwärmen von Trevallys und Barschen, Thunfischen und Barakudas ist es einer der besten Tauchplätze des Atolls. Auf der gegenüberliegenden Seite des Riffs erstreckt sich der weitläufige "Marine Park" Guraidhoo Kandu. Wiederum eines der besten Tauchgebiete des Landes. Nur wird Ihre Gruppe wahrscheinlich selten allein hier sein, denn es gibt noch acht andere Resorts in der Nachbarschaft.

Schnorcheln lohnt sich in der großen, flachen Lagune nicht, weshalb täglich zwei Ausfahrten und ein preiswerter Spezial-Schnorcheltrip zu zwei nahegelegenen Riffen organisiert werden. Die Lagune vor dem Resort wird fast völlig von der großen und genau gegenüberliegenden, bewohnten Insel umschlossen, und so fließt das Wasser nur langsam, und es fehlt ihm das typische klare Türkis.

Vor dem Resort ist ein großer künstlicher Strand. Er erfüllt seinen Zweck, obwohl er sehr fest ist und nicht viel Schatten bietet. Auf der Rückseite (zum Ozean hin) besteht das Ufer aus Korallenfelsen, was wohl Strandläufer, nicht aber Sonnenanbeter erfreuen wird.

Frühstück und Mittagessen sind Menüs, Abendessen wird als Buffets bereitet. Das Restaurant ist attraktiv gestaltet, doch das Essen erreicht lange

Relativer Preis: 10

5

Zimmerdichte zu Inselgröße:

nicht diese Qualität. Außerhalb des Restaurants verläuft ein luftiger, als Lounge dienender Laubengang zur Rezeption hin. Der Service ist so zurückhaltend, daß man ihn schon fast als Selbstbedienung bezeichnen kann, was aber irgendwie auch wieder hierher paßt, da es ohnehin kaum einen sichtbaren Unterschied zwischen dem freundlichen Personal und den Gästen zu geben scheint.

Auf der Insel herrscht große Kameradschaft und den meisten wird es hier gefallen. Besonders wenn man Deutsche/r ist (und das ist hier fast jeder), man gerne taucht und sich nicht an sehr einfacher Unterkunft und Verpflegung stört.

Ferienanlage *tel:* 444452 *fax:* 445948
email: kandooma@dhivehinet.net.mv

Dose Bier	$2.42	Halbtags-Inselhüpfen:	$25
Lime juice:	$3.85	Fischen bei Sonnenuntergang:	$15
Mineralwasser:	$2.20		

Tauchzentrum Aquanaut

Ein Tauchgang, gesamte Ausrüstung:	$55
Fünf Tauchgänge, gesamte Ausrüstung:	$230
Zertifizierter Tauchkurs:	$455

Kanuhuraa

Flug........40 Min.
Schnellboot.....240 Min.
Dhoni.....n/a

Llaviyani Atoll

Kanuhuraa Beach & Spa Resort, um den ganzen

Namen zu nennen, ist ein Newcomer in der Spitzenklasse. Die wunderbare Mischung aus östlichen und westlichen Kulturen verwöhnt und verführt mit einem Ambiente, das erholsam und belebend zugleich ist.

Schöne junge Männer und Frauen aus Bali, Thailand, den Philippinen und anderen fernöstlichen Ländern huschen in Sarongs umher und dienen lächelnd auf jene einzigartig ehrerbietige und ruhige Art. Ein europäisches Management sorgt im Hintergrund für alles andere.

Ähnliches gilt für das Wellness-Center: Als im ganzen Land umfangreichste Einrichtung ihrer Art, bietet sie eine große Auswahl an östlichen und westlichen Behandlungsmethoden. Alle Masseurinnen kommen aus Fernost, während der Leiter und der Manager Australier sind. Das Interieur strahlt eine angenehme Ruhe aus, und die Meditations- und Trainigsräume, die außerordentlich gute Saftbar und die sehr gesunde Speisekarte, lassen Sie hier die ganzheitliche Wellness-Erfahrung erleben.

Wie es für ein Resort mit "Spa" (Kurbad) im Namen kaum passender sein könnte, liegt das Wellness-Center in der Mitte der Anlage, direkt neben dem Swimmingpool. So *kann* es auch der Mittelpunkt Ihres Urlaubs werden, *muß* es aber nicht. Vielleicht führen Sie Ihre Vorlieben für Zigarren und Cognac ja eher in die unerwartete und sehr überzeugende Havana-Lounge? Hier erwarten Sie schwere Ledersessel in einer kühlen, leicht abgedunkelten Umgebung, ein Klavier und eine Sängerin, ausgebildetes Personal und Humidore mit feinen Zigarren.

Selbst wenn Discos, Pool und Karaoke mehr nach Ihrem Geschmack sind, ist Kanuhuraa die richtige Wahl. Für die Sportlichen gibt es Squash- und Tennisplätze und natürlich das - ideal an einer Spitze der Insel gelegene - Wassersportzentrum. Der Wind der über die weite, freie Lagune weht, macht die Bedingungen für Katamarane und Windsurfer ideal.

Hier liegt der Haken. Eine "leere" Lagune macht das Schnorcheln uninteressant. Das Tauchzentrum allerdings versucht sein bestes, dieses Manko zu kompensieren, indem mehrmals wöchentlich begleitete Fahrten - und sogar Wrack- und Nachtschnorcheln – veranstaltet werden. Obwohl es bereits drei Resorts in dieser Ecke des Atolls gibt (vier im Atoll insgesamt) läßt sich das Tauchen immer noch ungestört und ausgezeichnet genießen. Die Vielzahl der engen und breiten Kanäle des Llaviyani Atolls lockt vor

Relativer Preis: 3

Zimmerdichte zu Inselgröße: 4

allem die großen Meerestiere und eine ganze Reihe von Haiarten an.

Die Strände sind fantastisch – weitläufig, weiß und weich. Allerdings gibt es nur sehr wenige Palmen und die Zimmer ragen die ganze Insel entlang deutlich hervor. Durch große Büsche zwischen den Zimmern bemüht man sich erfolgreich um Schutz der Privatsphäre.

Die 18 Wasserbungalows sind etwas breiter als die 80 Strandzimmer, sonst aber gleich. Einmalig ist, daß alle – auch die über dem Wasser – nach oben offene Badezimmer haben. Einrichtung, Materialien und Accesoires entsprechen der erwarteten Spitzenklasse. Der Duft von Weihrauch, die "Heliotherapie" Lotions und Bademäntel unterstreichen den Wellness-Charakter. Besondere Ansprüche befriedigen zwei Wasserbungalow-Suiten und zwei spezielle Beach-Suiten.

Eine kleine Enttäuschung ist das Essen. Angesichts der ebenso abwechslungsreichen wie erfinderischen Speisekarte und der schönen Präsentation der Speisen, mag es sich etwas verwöhnt anhören, daß nichts wirklich so gut schmeckte, wie es aussah oder klang. Doch das kann sich ändern, da sich das professionelle Management unablässig bemüht, dieses ohnehin schon wunderbare Resort zu verbessern.

Ferienanlage *tel*: 230044 *fax*: 230033
email: kanuhura@kanuhura.com

Dose Bier	$2.42	Halbtags-Inselhüpfen:	$25
Lime juice:	$3.85	Fischen bei Sonnenuntergang:	$15
Mineralwasser:	$2.20		

Tauchzentrum Aquanaut

Ein Tauchgang, gesamte Ausrüstung:	$61
Sechs Tauchgänge, gesamte Ausrüstung:	$243
Zertifizierter Tauchkurs: ab	$549

Komandoo

Flug........40 Min.
Schnellboot.....4 Std.
Dhoni.....n/a

Llaviyani Atoll

KOMANDOO IST DIE RUHIGE, HÜBSCHE UND geschmackvolle Schwesterinsel des benachbarten lauten und selbstbewußten Kuredu. Die Ausflüge werden oft mit dem viel größeren Resort zusammen veranstaltet, und man teilt sich die Tauchplätze, sonst aber machen die Gäste ganz verschiedene maledivische Urlaubserfahrungen.

Komandoo hat nur 45 hölzerne Strandbungalows. Erbaut aus finnischer Kiefer, vermitteln sie eine gewisse skandinavische Atmosphäre. Modern und minimalistisch, doch gleichzeitig warm und luxuriös. Eine diskrete Mini Hifi-Anlage ist typisch für das durchdachte Innendesign (an der Rezeption kann man rund 250 CDs ausleihen). Wohlfühlen im Zimmer ist ein wichtiger Teil der hiesigen Philosophie, zumal man aus jedem direkt auf den tiefen, weichen Strand hinaustritt und die Lagune nur wenige Meter entfernt liegt.

In einem Kanal etwas entfernt vom offenen Ozean gelegen, bietet das Resort die ideale Kombination aus breitem Strand, kleiner Lagune und nahem Riff. Der Strand zieht sich rund um die Insel und ist perfekt, obwohl auch hier mit hin und wieder sichtbaren Korallensandsäcken diskrete Bemühungen unternommen werden, die Strände das ganze Jahr über an ihrer Stelle zu halten.

Das Schnorcheln um die Insel ist schlicht perfekt. Ein hamburger Meeresbiologe zählte jüngst 265 Spezies ohne einen einzigen Tauchgang zu machen! Doch nicht, daß man zum Tauchen weit hinausfahren müßte: Im Umkreis von nur 15 Bootsminuten liegen 15 Tauchgebiete und im nahen Kanal ziehen regelmäßig Mantes und Delphine vorbei. Kein anderes Atoll verfügt über eine derartige Konzentration von Thilas, Giris und Unterwasser-Kanälen.

Die Tauchbasis und ihre gesamte Ausrüstung sind brandneu, und die Besatzung verfügt über große, in langen Jahren auf Kuredu gesammelte Erfahrung. Unterwasserfoto- und Videokurse gehören ebenso zu den Spezialitäten hier wie Nitrox- oder Tieftauchen, "drift dives" oder Beobachtungsplätze für Haie und Rochen.

Es überrascht, eine derat aktive Tauchszene auf einer Insel zu finden, auf der beinahe drei Viertel der Gäste all-inclusive gebucht haben. Die Versuchungen müssen manchmal sehr groß sein. Neben überwiegend Deutschen und Briten zählen Italiener und Schweden zu den häufigsten Gästen.

Die ruhige Atmosphäre hier, macht den Ort ideal für Leute, die entspannen und auftanken wollen. So etwas wie Abendunterhaltung sucht man in der Regel vergeblich, aber durch die geringe Größe der Insel ist das Management schnell in der Lage sich auf besondere Gästegruppen einzustellen.

Die schlanken, sich wiegenden Palmen und die duftenden Blumen im Inneren der Insel sind idyllisch. Leider ist man, durch das Fällen von Palmen an der Außenseite, in den Zimmern am Strand den Blicken des Nachbarn ausgesetzt. Eine Lösung steht noch aus, aber man ist bemüht, dies hübsche, kleine Resort noch hübscher zu gestalten.

Ferienanlage *tel*: 231010 *fax:* 231011
email: komandoo@dhivehinet.net.mv

Dose Bier	$4.00	Halbtags-Inselhüpfen:	$24
Lime juice:	$3.25	Fischen bei Sonnenuntergang:	$25
Mineralwasser:	$2.50		

Tauchzentrum Pro Divers

Ein Tauchgang, gesamte Ausrüstung:	$49
Fünf Tauchgänge, gesamte Ausrüstung:	$235
Zertifizierter Tauchkurs:	$548

KUDAHITHI

Flug........10 Min.
Schnellboot......60 Min.
Dhoni.....120 Min.

Nordmalé Atoll

KUDAHITHI IST WENIGER EIN Resort als viel mehr ein Anwesen mit sieben exotischen Räumen. Ein ruhiges friedliches Haus auf einer winzigen, von einem Korallengarten umgebenen Insel.

Kuda bedeutet "klein" und so braucht man weniger als zehn Minuten um die Insel zu umrunden. Neben den Zimmern (und einem kleinen Servicebereich) gibt es nur noch ein weiteres Gebäude. Vom Anlegesteg kommend scheint es, als beträte man den Salon eines bourgoisen Landsitzes der Jahrhundertwende. Die schweren schwarzen Möbel, die Gobelin Kissen und massiven Vitrinen, der Samovar und der Umstand, daß es nur drei Wände gibt, lassen alles wie ein Bühnenbild erscheinen, das sich nicht den Zuschauern, sondern dem Indischen Ozean hin öffnet.

Auch die sieben Zimmer sind Bühnenbilder für Ihre ganz privaten Phantasien. Sie haben die Wahl zwischen "Sheikh Room", "Captains Room", "Rehendi Room"(Maledivische Königin), "Safari Room", "Maldives Room", "Bali Room" und "Maharaja Room". Ja, das ist Kitsch, aber es ist verschwenderischer, italienischer Designer-Kitsch, der nie billig wirkt. Die Speere im "Safari Room" sind echte Massai Waffen, die wie Leopardenfell gefleckten Kacheln sind von Krizia; andere Kacheln sind von Versace und Valentino, und das Bad des "Captains Room" hat einen Korkboden aus Sardinien. Neben der gewohnten Ausstattung (obwohl es weder Fön noch Minibar gibt) steht in jedem Zimmer eine Videoanlage, mit der man sich eines der über siebzig Videos ansehen kann, die der Manager bereithält.

Der Strand verläuft nicht um die ganze Insel herum, da auf einer Seite eine Mauer die Uferlinie bildet. Die drei Zimmer auf dieser Seite haben zur Entschädigung ein Sonnendeck aus Holz, das bis über die Mauer hinausreicht und über eine Trepppe ins seichte Wasser verfügt. Vor den anderen vier Zimmern liegt ein feinsandiger Strand. Der wunderbare, die Insel umgebende Korallengarten ist so dicht und nahe an der Oberfläche, daß man von einem der beiden Stege ins Wasser gehen muß, um die Riffkante zu erreichen.

Tauchen ist kostenlos, und jeder der

Relativer Preis:

4

5

Zimmerdichte zu Inselgröße:

möchte, wird gern vom Tauchboot des benachbarten Boduhiti mitgenommen. Für Wassersport muß man – ebenfalls gratis – die fünf Minuten Bootsfahrt nach Boduhiti in Kauf nehmen. Die meisten Gäste scheinen jedoch glücklicher damit zu sein, im "Garten" zu faulenzen oder im "Haus" Kaffee zu trinken.

Das Essen ist gänzlich italienisch, mit Schwerpunkt auf frischem Fisch. Frühstück und Mittagessen sind Buffets, das Abendessen wird am Tisch serviert. Und obwohl es zudem täglich zwei Sorten Pasta gibt, wiederholt sich selbst nach 14 Tagen Aufenthalt noch kein Gericht.

Ferienanlage *tel:* 444613 *fax:* 441992 *email:*

Dose Bier	incl.	Halbtags-Inselhüpfen:	incl.
Lime juice:	incl.	Sonnenuntergang:	incl.
Mineralwasser:	incl.		

Tauchzentrum Boduhithi

Ein Tauchgang, gesamte Ausrüstung:	incl.
Fünf Tauchgänge, gesamte Ausrüstung:	incl.
Zertifizierter Tauchkurs:	$400

KUDARAH

Flug........25 Min. + 30 dhoni
Schnellboot......120 Min.
Dhoni.....n/a

Ari Atoll, südöstlich

KUDARAH IST EIN WEITERES RESORT, DAS ALLEIN VOM Club Vacanza betrieben wird. Es ist kleiner als die anderen (außer Kudahithi), mediterraner in der Erscheinung, teurer und ein wenig förmlicher.

Schaut man nicht auf die Palmen oder das türkisfarbene Wasser, so könnte man sich fast an einem europäischen Ort wähnen, in einer Heimat fern der Heimat für italienische Sonnenhungrige. Die Gebäude haben Geländer und Bögen, Terrakottaziegel über den Veranden und flache Dächer. Innen sind sie geräumig und ganz in weiß gehalten, geschmückt mit Antiquitäten und Kunstgegenständen.

Diese Eleganz spiegelt sich auch in der Landschaftsgestaltung wider. Die reiche Vegetation mit ihren hohen Palmen und vollem Wuchs wurde durch Bougainvilia-Lauben, Frangipanibäume und Blumen noch ergänzt.

Leider mangelt es an Stränden. Verläuft der Strand sonst das Jahr über um die ganze Insel, so gibt es während der Hochsaison wirklich nur einen Strand in der Nähe der Jetty, von dem aus man direkt auf eine unweit herausragende Lagunenmauer blickt. Doch das scheint hier niemanden zu stören: Gerne versammeln sich die Gäste an diesem Ort, dessen Mauern den Eindruck eines riesigen Swimmingpools vermitteln und der damit als idealer Treffpunkt zu dienen scheint. Sobald am Spätnachmittag die ersten Schatten fallen, macht man sich offenbar ebenso geschlossen auf die kurze Dhonifahrt hinüber zu einer traumhaften Sandbank, um dort Sonnenbad und Spiel

fortzusetzen.

Außerhalb der Mauern ist das Schnorcheln am Riffrand ausgezeichnet und erfreut sich größter Beliebtheit. Im Gegensatz dazu ist Tauchen, ungeachtet einiger guter Tauchgründe in der Nähe, nicht besonders populär. Da die Aktivitäten vornehmlich an Land stattfinden, gibt es kein Wassersportcenter, sondern nur ein paar Kanus zum allgemeinen Gebrauch. In der Mitte der Insel liegt einer der wenigen wirklich guten Tennisplätze der Malediven. Auch Volleyball ist möglich, ebenso wie Poolbillard, Tischtennis und Dart.

Die Unterhaltung ist ähnlich wie in anderen italienischen Anlagen, wenn auch etwas weniger zum Mitmachen. Jeden Abend wird ein kleines Kabarett aufgeführt und nach dem Mittagessen, beim Kaffee und vor dem Abendessen, beim Aperitif interpretiert das Personal bekannte Lieder.

Highlights sind die Mahlzeiten. Das Mittagessen ist ein riesiges abwechslungsreiches Buffet, das durch Karaffen von Eistee und Weißwein begleitet, und mit hausgemachter Eiscreme abgerundet wird. Und als könne man es nur so richtig würdigen, erscheinen die Gäste zum excellenten abendlichen 5-Gänge-Menü in festlicher Kleidung. Die Genüsse werden vom freudige Geplauder und Gelächter im Restaurant bestätigt.

Die 30 Zimmer sind allesamt gut ausgestattet. Durch die geringe Größe der Insel, und das freundliche und aufmerksame Personal bilden sich schnell Freundschaften die einen unvergeßlichen Urlaub garantieren.

Ferienanlage *tel*: 450610 *fax:* 450550
email: hcmmale@clubvacanze.com.mv

Dose Bier	incl.	Halbtags-Inselhüpfen:	incl.
Lime juice:	incl.	Fischen bei Sonnenuntergang:	incl.
Mineralwasser:	incl.		

Tauchzentrum Kuda Rah

Ein Tauchgang, gesamte Ausrüstung:	incl.
Fünf Tauchgänge, gesamte Ausrüstung:	incl.
Zertifizierter Tauchkurs:	$400

Relativer Preis

4

8

Zimmerdichte zu Inselgröße:

Flug........15 Min.
Schnellboot.....105 Min.
Dhoni.....n/a

KURAMATHI

Rasdhoo Atoll

EINZIGARTIG FÜR DIE MALEDIVEN GIBT ES HIER

drei separate Hotels, die allerdings alle von ein und demselben Unternehmen geführt werden. Das Standard Hotel "Village" belegt das östliche, und das etwas bessere "Blue Lagoon " das westliche Ende, während das hochpreisige "Cottage" in der Mitte liegt. Die gesamte Insel ist sehr attraktiv angelegt, und die niedrigen strohgedeckten Gebäude fügen sich wunderbar in die Umgebung ein.

Obwohl die drei Ferienanlagen deutlich abgestuft sind, können sich die Gäste frei zwischen den Hotels bewegen, um sich umzusehen (ein Bus pendelt den ganzen Tag), oder die anderen Restaurants und Bars und das unterschiedliche Nachtleben auszuprobieren. Jeden Abend veranstaltet mindestens eines der Hotels Live-Musik, Disco oder Strandparty.

Die Ausstattung, Dekoration und die verwendeten Materialien in der Bar, dem Restaurant und den Zimmern im "Village" sind eher bescheiden, aber daher ist es ja auch günstiger. Die dortige Bar ist unaufdringlich und lebhaft und auch meist am längsten von allen geöffnet. Der Hauptgrund dafür dürfte sein, das rund achtzig Prozent der hiesigen Gäste 'all-inclusive' gebucht haben, was neben einem Tagesausflug und einem Angeltrip, eine Reihe erstklassiger Spirituosen, Snacks und etwa 125 (!) verschiedene Cocktails bedeutet.

Das Restaurant sieht sehr einfach aus und so ist auch das Essen. Ein guter (vielleicht nicht ganz zufälliger) Grund die anderen Restaurants auszuprobieren. Am "Village" serviert das "Adoobe Grill" leckere Fleischgerichte sowie Fisch und Meeresfrüchte direkt am Strand. Wer Halb- oder Vollpension hat, bekommt Rabatt.

Der Standard der 144 Zimmer reicht vom einfachen Wohnblock (70) über etwas größere runde Bungalows (44) bis zu den gut ausgestatteten, schattigen und gemütlichen Holzhäuschen (30). Die jüngst renovierten Zimmer in den Blöcken haben den Vorteil, daß sie näher an Bar und Restaurant und den guten Stränden liegen. Die anderen Zimmer liegen zwar ruhiger, aber hier verschwindet der Strand bei Flut fast gänzlich.

Das "Cottage" hat 50 Wasserbungalows – alle in einer Reihe - und 33 Beach-Bungalows. Die Wasserbungalows sind die

Relativer Preis:
8+5
6
Zimmerdichte zu Inselgröße:

besten Zimmer auf der Insel (und mit denen auf Baros identisch), mit schönen Stoffen, ausgezeichneter Einrichtung und Ausstattung wie Minibar, Telefon und einer Veranda auf drei Seiten. Steigt man von hier die Stufen in die Lagune hinab, braucht man zum nächsten schönen Riff nur eine kurze Strecke zu schwimmen. Die Beach-Bungalows sind gemütlich, haben aber nur einen kleinen, künstlich angelegten Strand. Der Hauptstrand liegt auf der anderen, der Innenseite des Atolls, an dem sich auch das Wassersportcenter und der Tennisplatz für alle drei Hotels befindet.

Bar und Restaurant, wie auch die Lounge des "Cottage" sind sehr exclusiv, und mit ihrer dezenten Beleuchtung laden sie besonders am Abend zum entspannten Trinken und Verweilen ein. Der "Palm Court Grill" und ein Thai-Restaurant erfreuen Sie hier mit ihren Spezialitäten.

Mit nur 20 Wasserbungalows und 30 Beach-Rooms ist das "Blue Lagoon" das ruhigste und kleinste der drei Hotels. Es zieht

Familien und ein etwas älteres Publikum an. Die Bungalows wurden für höhere Ansprüche umgebaut, während die Zimmer am Strand, zwar schlicht aber komfortabel blieben. Der Bereich um Bar, Restaurant und Lounge wurde klein und gemütlich gehalten. Auf der angrenzenden Sonnenterasse versammeln sich bei Sonnenuntergang die Gäste, um das Füttern der Stachelrochen zu beobachten.

Vor den Beach-Rooms erstreckt sich der längste offene Strandabschnitt der Insel, der sich leider nur mit einer weithin sichtbaren Mauer hier halten läßt. Am westlichsten Zipfel liegt eine Sandzunge, auf der sich allabendlich die Romantiker versammeln, um den Sonnenuntergang zu beobachten.

Ferienanlage *tel:* 450527 *fax:* 450556
email: sales@unisurf.com

Dose Bier	$3.00	Halbtags-Inselhüpfen:	$35
Lime juice:	$3.85	Fischen bei Sonnenuntergang:	$15
Mineralwasser:	$3.63		

Tauchzentrum Island Atoll & Rasdhoo Atoll

Ein Tauchgang, gesamte Ausrüstung:	$44
Fünf Tauchgänge, gesamte Ausrüstung:	$205
Zertifizierter Tauchkurs:	$450

Außerdem verfügt die Insel über ein kleines Hospital, das in Zusammenarbeit mit der Universität Halle betrieben wird, und eine große Dekompressionskammer.

KUREDU

Flug........40 Min.
Schnellboot......240 Min.
Dhoni.....n/a

Lhaviyani Atoll

NACH DER ERÖFFNUNG VON SUN ISLAND IST KUREDU nicht mehr das größte Resort im Land, aber es ist immer noch das lebhafteste. Die Nummer eins für Aktivitäten, Party und Spaß.

Früher einmal eine reine Taucherinsel, haben die Veränderungen der letzten Jahre den Schwerpunkt deutlich verschoben, was aber nicht heißt, daß es kein guter Platz zum Tauchen mehr ist. Es zeigt sich nur auch hier, daß sich mit der Einführung oder Erweiterung zu all-inclusive Ferien, die Zahl der Taucher verringert. Und Kuredu hat jetzt zu beinahe drei Viertel all-inclusive Urlauber. Der Bau eines hübschen und gut plazierten Swimming-Pools führte einmal mehr zur Verschiebung der Zielgruppe.

Vielleicht als Antwort darauf, bietet die Tauchbasis jetzt umso mehr Möglichkeiten: Man veranstaltet kostenlosen Schnorchelunterricht und Foto- und Wrackschnorcheltouren, es gibt Nitrox-Tauchgänge, und wer am Hausriff tauchen möchte, braucht kaum mehr zu tun, als sich mit seinem Buddy einzutragen und loszuziehen. Die Tauchbasis selbst wurde renoviert, um den üblichen hohen Standard zu halten. Die Tauchgründe der Umgebung, mit Ihren Gräben und Höhlen, sind auf den Malediven schon seit langem ein Begriff.

Hier, wie auf der ganzen Insel, überträgt sich der Zusammenhalt und die gute Stimmung des immer freundlichen und hilfsbereiten Personals, auf die Gäste. Zwei erstklassige und witzige Animateure tragen Ihren Teil dazu bei, die Stimmung hoch zu halten: Allabendlich finden irgenwelche spaßigen Aktivitäten statt und die Nächte in der Bar werden bei Spielen, Musik, Quiz und Disco nie langweilig. Wie oft die Discos veranstaltet werden ist unterschiedlich und hängt von den Wünschen der Gäste ab.

Das Wassersportcenter hier gehört zu den wenigen wirklich aktiven im Land. Direkt am Strand gelegen, verfügt es über 30 Windsurfbretter und sechs Katamarane, sowie verschiedene Kanus. Diverse Inseltouren werden angeboten, u.a. zu einer unbewohnten Insel mit hervorragenden Schnorchelstellen. Und mit etwas Glück kann man zwischen fünf und sechs Uhr abends Delphine oder gar Mantas sichten, die eine Abkürzung durch das Atoll nehmen.

Von den 300 Zimmern sind nun drei Viertel "Superior" und ein Viertel "Standard"; alle unlängst renoviert und sehr zufriedenstellend. Heißes Wasser in der

Relativer Preis: 9

Zimmerdichte zu Inselgröße: 4

Dusche, Klimaanlage und ein Kühlschrank sind der einzige Unterschied zwischen den Kategorien, sieht man davon ab, daß die Standard-Zimmer auf der "Rückseite" des Resorts liegen, mit den weniger guten Stränden und am weitesten entfernt von den zentralen Gebäuden.

Der sich an der Vorderseite erstreckende, und durch das Riff geschützte Strand ist ein einziger langer, breiter Streifen großartigen Sandes. Die Rückseite ist streckenweise von einer Mauer im Meer geschützt, um die kleinen Strände hier zu bewahren. An den beiden Enden der Insel gibt es zwei Sandausbuchtungen mit jeweils einer Bar: eine für den Sonnenuntergang und eine für den Sonnenaufgang (nun, es ist eben all-inclusive).

Die einzige kleine Beanstandung ist das Essen. Es hat sich zwar etwas verbessert, ist aber aus denkbaren Günden noch immer nicht verlockend (Schließlich hat das Resort vier weitere Restaurants, in denen es keinerlei Rabatt gibt). Das authentische maledivische Teehaus ist dabei das außergewöhnlichste. Das Grillrestaurant ist gemütlich und romantisch. Nebenan gibt es ein anständiges Fernost/Thai Restaurant, und Francos Pizza- und Burger Bude neben dem Pool kann man kaum widerstehen.

Die Gäste sind ein fröhlicher Mix aus Briten, Deutschen, Italienern, Schweizern, Österreichern, Franzosen und Schweden.

Ferienanlage *tel*: 230337 *fax*: 230332
email: info@kuredu.com

Dose Bier	$3.25	Halbtags-Inselhüpfen:	$25
Lime juice:	$3.00	Fischen bei Sonnenuntergang:	$15
Mineralwasser:	$2.50		

Tauchzentrum ProDivers

Ein Tauchgang, gesamte Ausrüstung:	$35
Fünf Tauchgänge, gesamte Ausrüstung:	$168
Zertifizierter Tauchkurs:	$495

Kurumba

Flug........n/a.
Schnellboot.....8 Min.
Dhoni.....20 Min.

Nordmalé Atoll

Als älteste Ferienanlage, auf den Malediven und als nächstes zum Flughafen gelegen, fungiert Kurumba gleichermaßen als schönes Ferienresort wie auch als “normales” Hotel.

Die offensichtliche Anziehungskraft auf Geschäftsleute und VIPs, gefällt auch den Urlaubern, die sich gerne in einer Umgebung von Luxus und perfektem Service aufhalten. Dazu zählen wir uns wahrscheinlich alle, doch hier bekommt man auch am wenigstens etwas vom echten Gefühl der Malediven mit. Der Focus liegt gleichermaßen nach innen auf die Swimming Pools, Restaurants und Bars wie nach außen auf die Strände und die Lagune.

Keine andere Insel ist - von kleinen Pflanzenumrandungen bis zu Lauben mit Bougainvilias - so vollständig “angelegt” wie diese. Sie ist wie ein großer Garten mit bunten Blumen und geschnittenen Hecken unter einem Dach hoher Kokospalmen. Drei (nicht ganz erstklassige) Restaurants servieren Spezialitäten der französichen, indischen und chinesichen Küche. Ein Grillrestaurant, ein Coffee Shop und eine Pizzeria runden das Angebot ab.

Der große Swimming Pool ist ein wundervoller Anblick. Direkt vor der offenen Hauptbar gelegen, bildet er auf vielerlei Weise den Mittelpunkt der Anlage. Im Inneren verborgen, liegt der zweite Pool im Sportcenter. Dies verfügt neben zwei Tennisplätzen, einem Fitness Studio, einer Sauna und einem Snooker Tisch auch über ein modernes Wellnes-Center, daß binnen kurzer Zeit einen guten Ruf erlangt hat.

Das Resort hält insgesamt 180 Zimmer

bereit, die als “Deluxe” allesamt überaus angenehm und gut ausgestattet, allerdings auch entsprechend der hohen Zimmerdichte nicht gerade riesig sind. Wer noch etwas mehr Luxus möchte kann eine der je vier “Präsidenten”- oder “Junior”- Suiten buchen: Großzügig, geschmackvoll eingerichtet und ganz mit Teppich ausgelegt.

Vor den Zimmern spenden hohe Palmen willkommenen Schatten. Direkt dahinter kommt schon der Strand. Er ist ringsherum makellos, wobei sich breite, offene

Relativer Preis:

7

7

Zimmerdichte zu Inselgröße:

Abschnitte mit kleinen, privateren und von Büschen geschützten Plätzen abwechseln. Die gelegentlichen, unansehnlichen alten Buhnen wirken lange nicht so störend wie die Korallenmauer, die um die ganze Insel herum auf der Innenseite des Riffs gebaut worden ist.

Trotz der Nähe zu Malé und seinem Hafen ist das Wasser noch immer wunderbar klar, und man kann ausgezeichnet am Rande des Riffs schnorcheln. Auch das Tauchen ist gut, da man sowohl die Tauchgründe im Süd Malé Atoll, als auch eine Reihe bekannter Plätze in diesem Teil des Nord Malé Atolls leicht erreichen kann.

Kurumba ist ein komfortables, kosmopolitisches Resort der Spitzenklasse, das aufs Beste geführt und gepflegt wird.

Ferienanlage *tel*: 442324 *fax*: 443885
email: kurumba@dhivehinet.net.mv

Dose Bier	$3.40	Halbtags-Inselhüpfen:	$23
Lime juice:	$5.50	Fischen bei Sonnenuntergang:	$25
Mineralwasser:	$4.40		

Tauchzentrum Euro Divers

Ein Tauchgang, gesamte Ausrüstung:	$49
Fünf Tauchgänge, gesamte Ausrüstung:	$230
Zertifizierter Tauchkurs:	$450

Laguna Beach

Flug........n/a
Schnellboot.....20 Min.
Dhoni.....55 Min.

Südmalé Atoll

Laguna Beach ist ein schmuckes Resort nicht weit von Malé. Ursprünglich als Resort der gehobenen Klasse konzipiert, gehört es jetzt zu den preiswerteren, ohne dabei etwas von seinem gutem Aussehen, seiner Ausstattung oder an Service eingebüßt zu haben.

Die Urlauber und deren Ferienerwartungen sind sehr gemischt. Einerseits gibt es die etwas älteren, reicheren Gäste, die Ruhe und Erholung, eine schöne Umgebung und verschiedene Restaurants suchen. Andererseits findet man hier auch jüngere Paare, die sich einen aktiveren Urlaub wünschen: Wassersport und abendliche Unterhaltung, möglichst mit Kinderbetreuung.

Dem Hotel ist es bis jetzt prächtig gelungen, beide Kundentypen

zufriedenzustellen. Fast jeden Abend spielt eine Band, ist Disco oder andere Unterhaltung in der Hauptbar am Swimming Pool. Andererseits kann man auch einen ruhigen, romantischen Abend in einem der drei Restaurants oder auf der Veranda seines Zimmers, umgeben von Blumen und weit weg vom Lärm, verbringen. Fairerweise muß man aber eingestehen, daß die Tendenz mehr zum Lebhaften und Familienorientierten geht.

Die Gebäude und deren Ausstattung entsprechen - wie auf Kurumba oder Full Moon Beach - dem förmlichen Stil eines Stadthotels, der entweder nach Ihrem Geschmack ist oder nicht. Wie dort, liegen die Zimmer sehr dicht beieinander, sind aber von einer Reihe perfekt gepflegter Blumen und Büsche getrennt oder manchmal fast ganz dahinter versteckt.

Relativer Preis:

6

9

Zimmerdichte zu Inselgröße:

Fünfzig Zimmer liegen in zweistöckigen Blöcken (vier pro Block), was auch eine Zwei- und eine Dreizimmersuite beinhaltet. Die anderen 65 sind einzelne Bungalows, die etwas größer, sonst aber ähnlich wie die anderen Zimmer ausgestattet sind. Ein drittes oder gar viertes Bett kann dazugestellt werden und auch Kinderbetten sind verfügbar. Eine nette Idee ist die Möglichkeit zum Kaffee- oder Tee kochen (die Minibar allerdings ist teuer). Die neuen Wasserbungalows sind die besten Zimmer mit guten Schwimm- und Schnorchelmöglichkeiten.

Die gute und abwechslungsreiche Strandlandschaft verläuft manchmal breit, manchmal aber auch schmal und versteckt. Nur wenige Buhnen und Mauern stören den Blick oder beim Spazieren gehen. Das

Schnorcheln in der Lagune ist nicht atemberaubend, doch es wird davon abgeraten zur Riffkante hinauszuschwimmen. Trotz der Schönheit ist es hier wegen der schnell fließenden Strömungen am Rand des Riffs gerade für Anfänger sehr gefährlich. Tauchen in der Umgebung ist gut, da man auch die Tauchgründe im südlichen Teil des Nord Malé Atolls erreichen kann.

Ferienanlage *tel:* 445906 *fax:* 443041
email: sales@unisurf.com

Dose Bier	$4.40	Halbtags-Inselhüpfen:	$44
Lime juice:	$4.40	Fischen bei Sonnenuntergang:	$22
Mineralwasser:	$4.40		

Tauchzentrum Euro Divers

Ein Tauchgang, gesamte Ausrüstung:	$37
Sechs Tauchgänge, gesamte Ausrüstung:	$220
Zertifizierter Tauchkurs:	$450

LILY BEACH

Flug........25 Min.
Schnellboot.....n/a
Dhoni.....n/a

Ari Atoll, südöstlich

LILY BEACH IST EIN ALL-INCLUSIVE RESORT, IN DEM sich Vornehmes erfolgreich mit Zwanglosem vermischt, um den Gästen für die Zeit ihres Urlaubs ein gelungener Teil des "süßen Lebens" zu sein.

Hier fällt *nicht* zuerst das gemütliche, strohgedeckte Erscheinungsbild vieler anderer Resorts, sondern das imposante Auftreten eines Stadthotels ins Auge. Den ziemlich ‚klotzigen' und von grünen Ton-in-Ton Farbkombinationen beherrschten Eindruck, versucht man durch sandige Fußböden, bequeme niedrige Sessel und legere Umgangsformen etwas abzumildern.

Da nur all-inclusive gebucht werden kann, scheint alles in dieser beeindruckenden Szenerie gratis zu sein. Alle drei Mahlzeiten werden als großzügige Buffets serviert, und der Coffee-Shop steht zur Verfügung, wenn Sie zwischen den Mahlzeiten einmal Hunger bekommen sollten. Zusätzlich zu allen Speisen und Getränken (außer der Minibar) sind der Tennisplatz und der Fitnessraum, wie auch die Schnorchel- und Surfausrüstung kostenlos. An Ausflügen ist allerdings nur eine Halbtagestour zu einer einheimischen bewohnten Insel inbegriffen.

Die 94 Zimmer teilen sich in Superior (78), Wasserbungalows (16) und eine Deluxe Suite auf. Alle Zimmer sind solide gebaut und mit Liebe zum Detail eingerichtet. Die Wasserbungalows sind beträchtlich größer

Relativer Preis: 7

9 Zimmerdichte zu Inselgröße:

und haben zusätzlich Fön, Badewanne und eine größere Dusche. Die gesamte Ausstattung, Objekte und Armaturen sind erstklassig.

Die Wasserbungalows - die eigentlich am Rand des schmalen Strandes stehen - blicken nicht nur nach Süden, so daß sie den ganzen Tag über Sonne haben, sondern sind auch nur zehn Meter vom Rand des Riffs mit seinen ausgezeichnet Schnorchelmöglchkeiten entfernt. (Als ich mich der Insel näherte, verwandelte sich das Wasser vor mir in ein bewegtes Grün aus einem riesigen Schwarm gelbblau gestreifter Snapper.)

Tauchen in der Region, wie auch am phantastischen Hausriff, ist wie immer sehr gut aber nicht so beliebt, wie man auf Grund des alles-inklusive Pakets erwarten würde. Die *Ocean Pro* Tauchbasis wird von einem professionellen und erfahrenen Team geleitet.

An den Enden der Insel gibt es jeweils einen langen Strandausläufer. Der eine nahe an Pool und Bar gelegen, der andere weiter entfernt und einsam. Dazwischen, auf der Seite mit den meisten Zimmern, ist der lange Strand feinsandig und nicht durch Buhnen unterbrochen. Weiter in der Lagune steht zu seinem Schutz jedoch eine Mauer. Unglücklicherweise liegt diese Seite nach Nord-Nordwest, so daß die Sonne dort weit vor Ende des Tages verschwindet.

Im Ganzen betrachtet ist die Insel ein freundlicher, heller Ort, akzentuiert durch die großen, pastellfarbenen Gebäude. Der Service ist sehr gut und mit der selben Liebe zum Detail die überall in dem Resort sichtbar ist. Ein Garant für einen stressfreien Urlaub. Und da es das all-inclusive Angebot bereits zu einem Preis gibt, für den andere Resorts nur Zimmer mit Frühstück bieten, ist es eine echte Alternative für Preisbewußte.

Ferienanlage *tel*: 450013 *fax:* 450646
email: lilybech@dhivehinet.net.mv

Dose Bier	incl.	Halbtags-Inselhüpfen:	incl.
Lime juice:	incl.	Fischen bei Sonnenuntergang:	$15
Mineralwasser:	incl.		

Tauchzentrum Ocean Pro

Ein Tauchgang, gesamte Ausrüstung:	$44
Sechs Tauchgänge, gesamte Ausrüstung:	$264
Zertifizierter Tauchkurs:	$480

Lohifushi

Flug........8 Min.
Schnellboot......25 Min.
Dhoni.....90 Min.

Nordmalé Atoll

Die Insel ist gross und reich an ausgewachsenen Kokospalmen und einheimischen Bäumen, Blumen und Büschen. Nachdem man 1980 als Resort mit nur dreißig Standard-Zimmern begonnen hatte, stehen für die Gästen jetzt 127 Zimmer in vier verschiedenen Kategorien bereit. Die größten Veränderungen kamen 1996 mit dem kompletten Umbau der öffentlichen Gebäude – Rezeption, Bar, Lounge, Swimming Pool, usw.

Meiner Meinung nach ein Mißerfolg, und man scheint hier eher "trotz" als "wegen" des Umbaus freundlich und zufrieden zu sein. Seltsame dekorative Elemente (Säulen, Ketten und niedrige Pfosten) und die Farbkombination von hellblau und limonengrün erinnern irgendwie an einen Geburtstagskuchen. Das Innere sieht zwar prachtvoll aus, die Qualität der verwendeten Materialien läßt jedoch sehr zu wünschen übrig. Hinzu kommen ein paar praktische Designprobleme: So hat man z.B. die Bar in zwei Bereichen um eine stark erhöhte, beinahe separate Tanzfläche herumgebaut. Das Ergebnis ist eine Bar in der am Abend kaum Stimmung aufkommt und eine Disco, in der "nichts abgeht".

Trotzdem ist die Insel sehr attraktiv. Dank ihrer Größe verfügt sie als eine der wenigen Inseln über ein echtes "Inneres", einen großen grünen Park im Schatten von Kokospalmen in der Mitte, der nicht als Servicebereich genutzt werden muß. Gepflegte Pfade mit Blick aufs Wasser bringen die Gäste zu ihren Bungalows.

Der Eindruck eines (bedingt) exklusiven Yachthafens wird durch den modernen Komplex mit Tennis-, Badminton-, Volley-

Relativer Preis: 9

3

Zimmerdichte zu Inselgröße:

ball- und Squashplätzen noch verstärkt. Das abseits liegende Sportzentrum ist kaum frequentiert, obwohl es sowohl Hanteln und Fitnessgeräte, als auch Tischtennis, Billard, Tischfußball und Brettspiele bietet. (Es läge besser in oder in der Nähe der Bar/Lounge).

Die 127 Zimmer sind kategorisiert in Standard, Superior (die Mehrheit der Zimmer), Deluxe, Suite und eine VIP-Villa. Die sauberen und unaufdringlichen Standard-Zimmer sind sehr gut, und mit oder ohne Klimaanlage erhältlich. Die anderen Kategorien unterscheiden sich nur durch eine Reihe meist unnötiger Dinge wie z.B. ein kleiner Teppich, Handtuchhalter, Fön oder Fliesen unter dem Waschbecken. Die Suiten, mit ihrer rosa Rokoko Einrichtung, sind schlichtweg kitschig.

Die Standard-Zimmer sind auf der Westseite, mit Blick ins Atoll hinein, auf der sich auch der beste Strand befindet (obwohl von vielen Buhnen unterbrochen). Die Deluxe (und Family Superior) liegen auf der Nordwest- und Nordseite, an einem feinen Sandstrand. Der Strand der Superior Zimmer auf der Ostseite, besteht zumeist aus Korallen, die nur von einigen sandige Streifen unterbrochen werden. Dort verläuft auch eine niedrige Inselmauer, die aber nicht allzu häßlich ist.

Schnorcheln ist schlecht, da die Lagune riesig und seicht ist. Tauchen wiederum ist gut und beliebt, obwohl hier nicht gerade die modernste Basis steht. Das Wassersportcenter liegt günstig und wird von einem netten Ehepaar geführt, das eine gute Auswahl an Sportarten und Unterricht anbietet. Am unbewohnten, südlichen Ende der Insel ist sogar Wellenreiten möglich. Eine freundliche Clique junggebliebener Australier gibt regelmäßig Kostproben.

Das Essen ist einfach, aber zufriedenstellend. Frühstück und Abendessen werden als Buffets, das Mittagessen als Menü serviert. Zwischendurch hält der Coffee-Shop am Ufer Snacks bereit.

Drei Viertel der Gäste sind Deutsche, die übrigen eine gleichmäßige Mischung aus Österreichern, Engländern, Australiern, Japanern und Italienern.

Ferienanlage *tel:* 441909 *fax:* 441908
email: lohifush@dhivehinet.net.mv

Dose Bier	$3.30	Halbtags-Inselhüpfen:	$30
Lime juice:	$3.30	Fischen bei Sonnenuntergang:	$15
Mineralwasser:	$2.75		

Tauchzentrum Lohifushi

Ein Tauchgang, gesamte Ausrüstung:		$40
Fünf Tauchgänge, gesamte Ausrüstung:		$180
Zertifizierter Tauchkurs:	ab	$290

Maafushivaru

Flug........n/a
Schnellboot.....150 Min.
Dhoni.....4-6 Stunder

Ari Atoll, südöstlich

Maafushivaru ist ein hübsches, kleines italienisches Resort, das man nur über ***Turisanda*** buchen kann. Obwohl vom Veranstalter weiterhin viel beworben, sind die meisten Zimmer mit "Wiederkehrern" oder den Gästen belegt, die persönliche Empfehlungen haben. Der einzige Wermutstropfen mag für manche in der modernen, 'hingebaut' wirkenden Umgebung liegen (z.B. Ziegeldächer und gekachelte Fußböden).

Obwohl es nur 38 Zimmer gibt, liegen sie dicht nebeneinander, denn die Insel ist recht klein. Die Zimmer allerdings sind sehr geräumig und - im Gegensatz zu vielen "Kisten"- mit ihren schrägen Wänden und Nischen gefällig gebaut. Neben der Klimaanlage verfügt jedes Zimmer über Minibar, Fön und Telefon. Nur die Duschen sind recht klein geraten und am Waschbecken fehlt Warmwasser.

Die Zehn Wasserbungalows sind unweigerlich etwas kistenförmiger und nicht so groß, dafür aber mit einer eigenen kleinen Veranda, mit Stufen in die Lagune hinab. Schnorcheln lohnt sich hier nicht, aber die sechs nach Osten liegenden Bungalows liegen dafür nicht weit von der Riffkante entfernt. In den vier nach Westen schauenden erfreut allabendlich der Sonnenuntergang.

In einem idyllischen, runden Riff gelegen, sind die Korallen und die Fischschwärme einfach superb. Zusätzlich zum Schnorcheln vor Ort, werden organisierte Ausflüge zu großartigen benachbarten Riffen angeboten. Die ebenfalls ausgezeichneten Tauchmöglichkeiten werden nur selten genutzt. Morgendliches Fischen mit dem Trawler und Nacht- oder Hochseeangeln sind nur einige Punkte auf dem vollen Ausflugsprogramm. Und trotz eines Aerobictrainers und Animateurs, macht die Anlage einen deutlich weniger "clubartigen" Eindruck als andere italienische Resorts.

Das Kino wird nur gelegentlich genutzt, es gibt keine Animation nach dem Mittagessen und nicht einmal Beach-Volleyball ist ein tägliches Ereignis. Die Atmosphäre ist vertraut und freundlich und das Leben spielt sich in erster Linie auf dem ausgezeichneten feinen, weißen Strand ab, der sich um die ganze Insel herum erstreckt. Die Schutzmauern in der Lagune liegen zum größten Teil vor dem Rezeptionsbereich und nicht vor den Zimmern, so daß die Aussicht kaum gestört ist. Das Inselinnere ist gepflegt und attraktiv, mit viele Palmen, sauber gefegten Wegen und üppigen rosa Bougainvilias.

Relativer Preis:

6

10

Zimmerdichte zu Inselgröße:

Der Restaurant- und Rezeptionsbereich erinnert mit seinen Pastellfarben und den vielen Säulen und Stützen stark an einen Sommerpavillion. Alle Mahlzeiten sind Buffets und mit dem "Nachmittagstee" werden zusätzlich Snacks serviert

Im Großen und Ganzen also ein gut angelegtes, wenn nicht mehr ganz naturbelassenes, kleines Resort mit sehr gutem Strand und Riff, zugeschnitten auf die "Reichen und Schönen".

Ferienanlage *tel*: 450596 *fax*: 450524 *email*: sales@unisurf.com

Dose Bier	$2.70	Halbtags-Inselhüpfen:	$25
Lime juice:	$3.30	Fischen bei Sonnenuntergang:	$20
Mineralwasser:	$3.30		

Tauchzentrum Sea Dragon

Ein Tauchgang, gesamte Ausrüstung:	$50
Sechs Tauchgänge, gesamte Ausrüstung:	$470
Zertifizierter Tauchkurs:	$500

Machchafushi

Flug........30 Min.
Schnellboot.......n/a
Dhoni.....n/a

Ari Atoll, südöstlich

Ist eine ausgezeichnete und in erster Linie deutschsprachige Tauchinsel. Da bis zu achtzig Prozent der Gäste tauchen gehen, richtet sich hier natürlich alles nach dem Tagesablauf der Taucher.

Die bekannten Kanäle des südöstlichen Ari-Atolls sind leicht erreichbar, und eine ganze Reihe von Thilas (unregelmäßige Korallenformationen, die aus dem Meeresgrund hervorragen) bieten schier unerschöpfliche Möglichkeiten für lohnende Tauchgänge. Direkt innerhalb des Atolls liegt der unbedingt sehenswerte "Marine Park" **Kudahrah Thila** in dem man neben einer Vielzahl großer Meerestiere vor allem seltene Arten weicher und harter Korallen bestaunen kann.

Subaqua aus Deutschland betreibt die sehr tüchtige, und – bis auf die exakt eingehaltenen Abfahrtszeiten der Boote – sehr flexible Tauchbasis. Geführte und ungeführte Tauchgänge am hervorragenden Hausriff sind zu jeder Tageszeit möglich. Die Schönheit des Hausriffs ist derart beeindruckend, daß sogar die Gäste umliegender Resorts regelmäßig zum Schnorcheln hierher kommen.

Da die Taucher abends oft müde sind und am anderen Tag fit für den Morgentauchgang sein wollen, wird nicht viel abendliche Unterhaltung geboten: Sie beschränkt sich auf die wöchentliche Disco und den "Fire Limbo" mit Barbecue. Nichtsdestotrotz ist die Hauptbar groß und gut bestückt. Unter dem gleichen Dach befinden sich auch das Restaurant, eine Tanzfläche und die Tischtennisplatte. In der Mitte der Insel liegen ein guter Tennisplatz und ein Sandplatz für Volleyball. Der Surfbrett-Verleih ist gut ausgestattet, aber wohl auf Grund der geringen Größe der Lagune und der bis dicht ans Ufer heranreichenden Korallen nur schwach frequentiert.

Relativer Preis: 8

Zimmerdichte zu Inselgröße: 8

Trotz der wenigen Kokospalmen findet sich reichlich angenehmer Schatten. Besondes zwischen den Zimmern und dem Strand ist die Vegatation so üppig, daß die Häuser mit Ihren strohgedeckten Dächern vom Wasser aus kaum mehr zu erkennen sind. Die Insel ist weitgehend naturbelassenen, wobei es ironischerweise gerade die "angelegten" Bereiche sind, die einen etwas schäbigen Eindruck hinterlassen.

Insgesamt 48 Deluxe-Zimmer und 10 Wasserbungalows stehen den Gästen zur Verfügung. Die großen und gut möblierten Deluxe-Zimmer erfreuen mit einem großes Doppelbett und soliden, bequemen Sitzgelegenheiten. Zur weiteren Ausstattung gehören Klimaanlage, Heiß- und Kaltwasser, Telefon und eine (ungefüllte) Minibar. Leider stört ein eher häßliches Gemälde das Gesamtbild, und auch die Duscharmaturen könnten besser sein. Die Wasserbungalows sind im Grunde ähnlich, verfügen aber zusätzlich über Satellitenfernsehen.

Man hat sie geschickterweise auf die Südseite der Insel gebaut, auf der es keine nennenswerten Strände, sondern nur Auftürmungen vulkanischen Gesteins gibt. Dafür verfügen alle über einen eigenen Balkon, von dem jeweils eine Treppe hinab zu einem wundervollen Korallengarten führt.

Auf der restlichen Insel sind die Strände als gut bis sehr gut zu bezeichnen. Besonders am nördlichen Bogen gibt es einen ausgezeichneten breiten, sauberen Strand, der aber leider nur wenige Stunden am Tag von der Sonne beschienen ist.

Für jene, die trotz Vollpension noch Wünsche haben, hält der gut platzierte Coffee-Shop Getränke und Snacks bereit. Die Getränke sind preiswert und das Essen ist gut. Frühstück und Mittagessen serviert man als Buffets, das Abendessen als Menü.

Drei Viertel der Gäste sind Deutsche oder Österreicher - Japaner, Italiener und ein paar Briten und Australier stellen den Rest. Schnorcheln und Sonnenbaden sind gut, aber man kann sich als "Nichttaucher" leicht ein wenig ausgeschlossen fühlen, da Tauchen wirklich die Hauptbeschäftigung auf dieser Insel ist.

Ferienanlage *tel:* 454545 *fax:* 454546
email:

Dose Bier	$2.42	Halbtags-Inselhüpfen:	$20
Lime juice:	$3.30	Fischen bei Sonnenuntergang:	$16
Mineralwasser:	$2.75		

Tauchzentrum Delphis

Ein Tauchgang, gesamte Ausrüstung:	$49
Sechs Tauchgänge, gesamte Ausrüstung:	$294
Zertifizierter Tauchkurs:	$465

Madoogali

Flug........20 Min.
Schnellboot......120 Min.
Dhoni.....n/a

Ari Atoll, nordwestlich

Madoogali ist ein Juwel von einem Resort, ein Vorbild für jede andere Insel. Kaum eine andere Anlage ist so naturbelassen und dabei gleichzeitig so modern und stilvoll. Bereits 1989 eröffnet, sieht sie auch heute noch aus wie neu. Die Gebäude sind geschmackvoll eingerichtet und in perfektem Zustand. Ihr Geheimnis sind die ständige Wartung und Pflege und große Rücksichtnahme auf die Umwelt.

Ist das noch recht einfach zu handhaben, so kommen viele Hotels in ihrem Bemühen, die Strände das ganze Jahr über zu erhalten, nicht mehr umhin, Buhnen am Strand und Mauern in der Lagune zu bauen. Madoogali benötigt nichts dergleichen: Der Strand zieht sich fast um die ganze Insel herum, und wenn er auch nicht immer sehr breit ist, so ist dies sicherlich das kleinere Übel. (Entgegen Inseln an der Außenseite eines Atolls, hat Madoogali den Vorteil, nicht direkt den großen Wellen vom Ozean her ausgesetzt zu sein.)

Ein sandiger Pfad windet sich im Schatten ausgewachsener Palmen, Bougainvilia Lauben und einheimischer Bäume vor den Bungalows entlang. Zwei Wege verlaufen quer über die Insel. In der Mitte, an Ihrem Schnittpunt, öffnet sich ein Garten. Lässt man sonst die Blätter unter den Pflanzen als Kompost liegen, ist hier der Boden sauber gefegt. Einfach alles vermittelt das Gefühl einer gut gepflegten, bewohnten Insel. Hübsche, "gefundene Dinge", wie z.B. angeschwemmtes Holz, das man als Skulpturen aufstellt, runden den Eindruck ab.

Die 50 einzelnen Bungalows sind massiv aus Korallen gebaut und innen wie außen hübsch dekoriert. Groß und gut ausgestattet haben sie Telefon, Klimaanlage, Heiß- und Kaltwasser und Minibar. Der Shop sowie Restaurant, Bar und Rezeption sind geschickt in einem Bereich zusammengelegt.

Der frühere Manager, Georgio Lagorio (jetzt in Bolifushi), hat als sein Erbe die Sorge um die Umwelt hinterlassen. Er führte eine Reihe von umweltschützenden Maßnahmen ein, wie z.B. das Sortieren und sorgfältige Entsorgen von Müll oder größtmögliches Recycling (so werden Kokosfasern und Ölfässer an die einheimischen Inselbewohner gegeben und Küchenabfälle zu Dünger verarbeitet).

Der neue Manager, Mauricio Ciorra, der zuvor über sechs Jahre lang "Halaveli" führte, ist

Relativer Preis: 7

Zimmerdichte zu Inselgröße: 5

zwar gleichermaßen erfahren und verantwortungsbewußt, doch unter seiner Leitung hat sich der Pulsschlag hier erhöht. Jetzt gibt es eine Strandbar mit Disco und ein komplettes Animationsprogramm am Abend. Das Wassersportcenter wurde mit Katamaranen, Surfbrettern und Tretbooten aufgewertet, und mit einem einfallsreichen Ausflugsprogramm, welches auch Trips zum benachbarten, unbewohnten Vihaamaafaru beinhaltet, ermuntert man die Gäste tagsüber dazu, die Insel auch einmal zu verlassen.

Das Riff und die Lagune werden zweimal monatlich von Hand gesäubert und sind zum Schnorcheln noch immer gut. Zudem sind die diversen Schnorchelexkursionen sehr beliebt. Die Guides der Tauchbasis - einem fünf Sterne PADI-Zentrum – kennen eine große Zahl guter Tauchgründe in der Nähe, die man zudem fast ganz für sich alleine hat.

Eine große Mehrheit von Italienern (drei Viertel), eine beträchtliche Anzahl Franzosen und Österreicher, sowie einige Deutsche genießen diese erstklassige Anlage und kehren immer wieder zurück.

Ferienanlage *tel*: 450581 *fax*: 450554
email: madugali@dhivehinet.net.mv

Dose Bier	$3.50	Halbtags-Inselhüpfen:	$12
Lime juice:	$2.50	Fischen bei Sonnenuntergang:	$12
Mineralwasser:	$3.50		

Tauchzentrum Madoogali

Ein Tauchgang, gesamte Ausrüstung:	$50
Sechs Tauchgänge, gesamte Ausrüstung:	$300
Zertifizierter Tauchkurs: ab	$420

Makunudu

Flug........n/a
Schnellboot......50 Min.
Dhoni.....n/a

Nordmalé Atoll

An der Spitze des Marktes positioniert,

möchte Makunudu den Wohlhabenden friedliche, erholsame Ferien in einer schönen, privaten, und dennoch ungezwungenen Umgebung bieten. Das zu erreichen, gelingt vorzüglich. Die Insel - einst sicherer Hafen, eine Tagesreise mit dem Segelschiff von Male entfernt - hat eine lange Geschichte, und etwas von dieser reifen, kosmopolitischen Atmosphäre ist auch heute noch überall zu spüren.

Mit der Intention, den Gästen alle Entscheidungen und Sorgen nach Möglichkeit abzunehmen, sind die Ferien hier 'all-inclusive'. Das beinhaltet natürlich Vollpension, alle Wassersportarten, Nachtangeln, einen Schnorcheltrip und Inselhüpfen mit Barbecue. Die vom französischen Koch zubereiteten Mahlzeiten, serviert in der intimen Atmosphäre des dezent beleuchteten Restaurants, sind ein wahre Wonne. Das Frühstück bringt man Ihnen auf Wunsch alternativ auch auf Ihr Zimmer oder Ihren Balkon. Das Mittagessen wird als üppiges Buffet gereicht, und das Abendessen ist eine bei Kerzenlicht an Ihrem Tisch servierte Köstlichkeit. Nicht zu vergessen natürlich, der tägliche "afternoon tea"!

Es gibt weit mehr Personal als mögliche Gäste, aber der Service ist zurückhaltend und sehr gut. Flexibilität und Aufmerksamkeit im Detail sind oberstes Gebot; angefangen vom immer prompten Flughafentransfer bis hin zur geflochtenen Verkleidung der Klimageräte. Ein Wellness- und ein Naturkosmetik-Center vervollständigen seit Kurzem das Angebot.

Etwas über die Hälfte aller Gäste sind Italiener und Franzosen, die anderen Zimmer werden gleichenteils von Schweizern, Briten, Japanern und Deutschen belegt. Mit nur 36 Zimmern, verteilt unter der üppigen Vegetation der Insel, wird das Gefühl von Ruhe und Privatspähre einmal mehr unterstrichen. Die Zimmer sind innen wie außen in einem natürlichem und dezentem Stil gestaltet,

Relativer Preis:

3

8

Zimmerdichte zu Inselgröße:

lassen aber keine Wünsche offen (obwohl sie nicht besonders groß sind und die Dusche ruhig stärker sein dürfte). Ein voller Kühlschrank, Klimaanlage und Safe sind hübsch "versteckt". Die Fenster und eine Glastür öffnen sich direkt zum Strand hin.

Trotz einiger weniger, aber nicht störend plazierter Buhnen, sind der Strand – wie auch das Riff – als sehr gut zu bezeichnen.

Das Wassersportcenter ist gut ausgerüstet, und die freundlichen Guides des modernen Tauchcenters entführen sie gerne in die abwechslungsreiche Unterwasserwelt.

Zweifellos ein erstklassiges Resort. Gefällig und angenehm, ist Makunudu erste Wahl für wohlhabende Paare, die gerne einmal auf einer kleinen Äquatorinsel dem Alltag entfliehen möchten.

Ferienanlage *tel*: 446464 *fax:* 446565
email: makunudu@dhivehinet.net.mv

Dose Bier	$3.85	Halbtags-Inselhüpfen:	$45
Lime juice:	$4.40	Fischen bei Sonnenuntergang:	$10
Mineralwasser:	$3.80		

Tauchzentrum Makunudu

Ein Tauchgang, gesamte Ausrüstung:	$42
Fünf Tauchgänge, gesamte Ausrüstung:	$200
Zertifizierter Tauchkurs:	$450

Meedhuparu

Flug........45 Min.
Schnellboot.....240 Min.
Dhoni.....n/a

Raa Atoll

Meedhupparu ist ein ganz neues Resort, das allein in seinem Atoll und viel weiter nördlich als die meisten Resort-Inseln liegt. Etwas über die Hälfte der Gäste sind Italiener, Deutsche, Briten und Franzosen folgen danach. Die Italiener jedoch bestimmen die Lebensart.

Markantester Grund dafür ist die aktive Präsenz von italienischen Animateuren. Indem sie die Gäste in die täglichen Aktivitäten und die besonderen Veranstaltungen einbinden, schaffen sie schnell eine lustige und sehr freundschaftliche Atmosphäre. Halten sie sich tagsüber noch mehr zurück als in anderen italienischen Club-Resorts, so geben die Teams am Abend alles um die Stimmung nach oben zu bringen. Allabendlich hat man, meist in dem eigens dafür errichteten Freilufttheater, irgendwelche Unterhaltung organisiert. Anschließend ist Disco bis in den frühen Morgen, wozu natürlich jedermann herzlich eingeladen ist.

Die organisierten Veranstaltungen nutzen einige, bei weitem jedoch nicht alle der vielen Einrichtungen des Resorts. Täglich werden Aerobic, Fitnesstrainigs, Volleyballspiele Kanu- und Spielwettbewerbe oder Tanz angeboten. Dazu kommen die üblichen Insel- und Angelausflüge. Neben all dem findet man Tennisplätze, einen Schönheitssalon, und zur Entspannung Dinge wie Dampfbad, Sauna oder ein "Ayurveda Zentrum". Letzteres, auf den Malediven eine seltene Einrichtung, dient nicht nur der Entspannung: Es ist vielmehr die ernsthafte moderne Anwendung des überlieferten Wissens der Gesundheitspflege, basierend auf warmen Kräutern und Ölmassagen. Ein spezielles Sieben-Tage-Angebot bewirkt Wunder für Körper und Geist und ist alleine für sich den Urlaub wert.

Der Urlaub für den die meisten Gäste jedoch hierher kommen, dreht sich um Strand und Wasser. Und darin bietet Meedhupparu ein Spekturm von sehr gut bis weniger gut. Drei Viertel des Strandes sind einfach wunderbar, er leidet aber während der Nebensaision unter starker Erosion im südwestlichen Bereich. In der Hochsaison (Januar bis April) sollte er aber gut sein. Der Strand

Relativer Preis: 7

7 Zimmerdichte zu Inselgröße:

fällt ziemlich steil ins Wasser ab und man hat zwar sofort eine gute Schwimmtiefe, allerdings aber auch nur wenig Platz zum Herumpaddeln. Der Boden der Lagune ist eben und sandig und das Riff kann überall schwimmend erreicht werden. Das Schnorcheln ist dort jedoch nur mäßig gut.

Dasselbe gilt für das Tauchen. Aus irgendeinem Grund ist hier einfach nicht so viel zu sehen wie in den anderen Atollen. Aber schließlich ist es ja ein nagelneues Resort in einem - was das Tauchen angeht - zum größten Teil undokumentierten Atoll, weshalb die großartigen Tauchgründe vielleicht nur noch nicht entdeckt worden sind.

Bis auf eine Suite sind alle 215 Zimmer gleich, wobei es von außen leider allzu offensichtlich ist, das sie aus rohen Zementblöcken gebaut wurden. Innen durchweg recht hübsch, sind sie mit einigen Extras wie z.B. Fön, Safe und Wasserkocher ausgestattet, und im Bad findet man sogar zwei Waschbecken und zwei Duschen. Nachteilig wirkt, daß man, teilweise wegen des sehr dichten Buschwerks davor, und teilweise weil die Zimmer so dicht beieinander gebaut sind, leider von nur wenigen einen Blick auf den Strand hat. Als Entschädigung dafür hat man rund ein Viertel der Insel-mit einem wunderschönen Strand – bisher überhaupt nicht bebaut.

Die öffentlichen Bereiche, insbesondere die Bar und das Freizeitcenter, sind so groß und haben derart hohe Decken, das es quasi unmöglich ist, sie zu füllen und irgendeine gemütliche Atmosphäre aufkommen zu lassen.

Leider erkennt man noch, das Meedhupparu beinahe in Rekordzeit geplant und gebaut wurde. Doch unter der Leitung des erfahrenen Sri lankischen Betreibers, dürfte auch dies bald behoben sein, und die Insel ihren Platz im Markt gefunden haben.

Ferienanlage *tel*: 230116 *fax*: 230128
email: admin@pearlresort.com

Dose Bier	$3.50	Halbtags-Inselhüpfen:	$25
Lime juice:	$4.00	Fischen bei Sonnenuntergang:	$15
Mineralwasser:	$3.00		

Tauchzentrum The Crab

Ein Tauchgang, gesamte Ausrüstung:	$60
Sechs Tauchgänge, gesamte Ausrüstung:	$330
Zertifizierter Tauchkurs:	$480

Flug........n/a
Schnellboot.....60 Min.
Dhoni.....n/a

MEERUFENFUSHI

Nordmalé Atoll

MEERU HAT JETZT EINEN SWIMMING-POOL. VOR SEINEM Bau gerade bei den Stammgästen umstritten, sieht er heute aus, als wäre er schon immer da gewesen. Er ist sehr beliebt und gibt dem Resort nun den Mittelpunkt, der vorher fehlte.

Bei dem großen Empfangsgebäude, den zwei Coffee Shops und den beiden riesigen Bars, fehlte ein zentraler Treffpunkt. Jetzt ist man tagsüber (wenn nicht gerade beim Tauchen oder am Strand) am Pool und am Abend in der Bar nebenan, während die zweite Bar hauptsächlich für Discos genutzt wird.

Mit dem Swimmingpool, der auch einen Kinderpool beinhaltet, ist Meeru familienorientierter geworden. Trotzdem ist es natürlich immer noch ein hervoragender Platz zum Tauchen. Da es fast alleine an der östlichen Atollspitze liegt, werden die vielen großartigen und in der Nähe liegenden Tauchgründe nur selten von Tauchern der anderen Inseln besucht (bei bis zu 40 Tauchern je Tour, ist man aber nie allein). Die Kanäle und „Außenflanken" nördlich des Resorts sind einsame Plätze, an denen man die großen Meeresbewohner und andere selten zu beobachtende Fischarten antreffen kann. Haie, Thunfische und Barrakudas werden regelmäßig gesichtet und während des Südwestmonsuns auch Mantas und sogar Walhaie.

Die neue Tauchmannschaft stellt *Ocean Pro*. Mit neuen Geräten, Kompressoren und zwei neuen Safari-Booten, haben sie die Tauchmöglichkeiten erheblich verbessert, und es werden nun auch Tagestrips bis nach Helengeli, Doppeltank-Tauchgänge und regelmäßiges Nachttauchen angeboten.

Der Riffrand ist viel zu weit entfernt, als das man ihn von der Küste erreichen könnte. Dafür verkehrt stündlich ein Boot und alle zwei Tage wird ein halbtägiger "drei Riffe" Schnorcheltrip angeboten. Für erste Schnorchelerfahrungen bietet schon die Lagune ausreichend Korallen und Fische.

Die Strände auf der Westseite, zum Atoll hin, sind breit und feinsandig. Der Strand auf der Ostseite, zum offenen Meer hin ist ebenfalls gut, verschwindet jedoch zeitweise durch Strömungseinflüsse. Die riesige Lagune ist sehr flach und dadurch eher für

Relativer Preis: 10

5

Zimmerdichte zu Inselgröße:

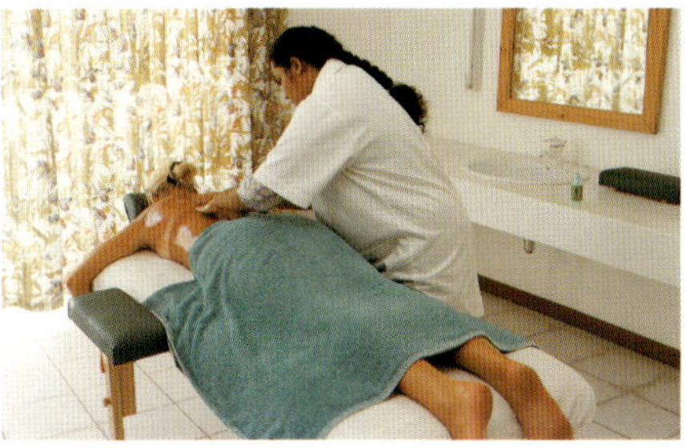

Wassersport als zum Schwimmen geeignet.

Unter den insgesamt 227 Zimmern gibt es noch 58 "Standard" Zimmer, die - allesamt renoviert - in Blöcken auf der östlichen, mit weniger Strand versehenen Seite der Insel liegen. Darüber hinaus stehen 138 „Land Villas", 29 Wasserbungalows und zwei Hochzeitssuiten zur Verfügung. Bis auf die Suiten sind die Zimmer eher durchschnittlich, mit Klimaanlage und Heiß- und Kaltwasser. Die beiden Suiten sind ganz aus Holz erstellt: Riesig, weiß, mit einer großen Sonnenterasse und sehr hochwertiger Ausstattung, genießt man von hier einen ungestörten Blick auf den Sonnenaufgang. Man fühlt sich wie auf einer anderen Insel, und so sind sie passenderweise auch nur mit dem Boot zu erreichen.

Trotz der relativen Größe der Insel, ist die Zimmeranzahl sehr hoch. Das Restaurant ist zwangsläufig ebenfalls sehr groß und auch das Essen ist zwar reichlich, aber nur durchschnittlich. Es gibt keine verborgenen Strände mehr und da es eine der fruchtbarsten Hotelinseln überhaupt ist, wird auf einem beträchtlichen Teil des Inselinneren Obst und Gemüse angebaut.

Ferienanlage *tel*: 443157 *fax:* 445946
email: meeru@dhivehinet.net.mv

Dose Bier	$2.00	Halbtags-Inselhüpfen:	$30
Lime juice:	$2.00	Fischen bei Sonnenuntergang:	$10
Mineralwasser:	$2.00		

Tauchzentrum Ocean Pro

Ein Tauchgang, gesamte Ausrüstung:	$42
Fünf Tauchgänge, gesamte Ausrüstung:	$200
Zertifizierter Tauchkurs:	$440

Mirihi

Flug........25 Min.
Schnellboot......120 Min.
Dhoni.....n/a

Ari Atoll, südwestlich

Mirihi ist ein nettes, kleines Resort, dass von den Deutschen und Österreichern, die hierher kommen, sehr geliebt wird. Es hat alles was eine gute Anlage ausmacht, einschließlich eines ausgezeichneten Verhältnisses zwischen Personal und Gästen.

Von den vierzig Zimmern liegen nur zehn wirklich auf der Insel. Dreißig sind Wasserbungalows, die in einer Reihe auf der Nordseite stehen. Da sie in Richtung Norden liegen haben sie keine Sonne auf der Veranda und auch Stufen in die Lagune sucht man vergeblich. Alle Zimmer - erst kürzlich renoviert - sind sauber, ordentlich und gut ausgestattet. Drei der Wasserbungalows sind groß genug für Familien, mit Platz für drei Betten und einer Trennnwand.

Durch die geringe Größe der Insel, ist es von den Zimmern nur ein Katzensprung bis auf die andere Seite, an der sich ein

EIN EINMALIGES ERLEBNIS

Maldivian Air Taxi

Wir fliegen

Relativer Preis:

8

8

Zimmerdichte zu Inselgröße:

wunderbarer weißer Strand fast ganz herum erstreckt.

Der Anlegesteg überbrückt auf seinem Weg zur imposanten Rezeption eine riesige Sandzunge. Direkt dahinter liegt der Begrüßungsraum, gefolgt von der gemütliche Bar (eine Seite ist zum Strand hin offen), durch die man zum Speisesaal gelangt. Alles erscheint ordentlich und gut organisiert. Frühstück und Mittagessen sind Büffets, das Abendessen wird als Menü serviert. Das Essen ist durchweg gut, und es fällt angenehm auf, das auch klassische "Currys" angeboten werden.

Die Tauchschule wird nun von "Mary und Steve" geleitet. Ihre Vorgänger, Helmut und Barbara Cornelli, sind manchem vielleicht durch ihr phantastisches Unterwasserbuch bekannt, das das Leben am Hausriff der Insel dokumentiert. Es gibt keine bessere Empfehlung für ein Hausriff! Was die anderen Tauchplätze angeht, so sind diese, bis auf wenige Ausnahmen vor Ort, meistens weiter entfernt in den bekannten Kanälen des südöstlichen Ari Atolls.

Mirihi ist recht unbekannt, was aber keinen der Gäste stört. Im Gegenteil: Jeder hier ist glücklich, Jahr für Jahr auf seine eigene kleine, fast private Insel zurückzukehren.

Ferienanlage *tel:* 450500 *fax:* 450501
email: mirihi@dhivehinet.net.mv

Dose Bier	$3.30	Halbtags-Inselhüpfen:	$25
Lime juice:	$3.30	Fischen bei Sonnenuntergang:	$15
Mineralwasser:	$4.40		

Tauchzentrum Aqua Base

Ein Tauchgang, gesamte Ausrüstung:	$61
Sechs Tauchgänge, gesamte Ausrüstung:	$336
Zertifizierter Tauchkurs:	$425

Moofushi

Flug........25 Min.
Schnellboot......n/a.
Dhoni.....n/a

Ari Atoll, westlich

Beinahe alle auf Moofushi sind Italiener, und verglichen mit anderen italienischen Resorts ist es hier durchaus ungezwungener und preiswerter. Leider hat die Insel aber sonst nur wenig andere Vorteile.

Um das Hauptproblem, die Erosion, einzuschränken, hat man direkt vor den Zimmern Mauern in die Lagune gebaut. Es wurde jedoch nur noch schlimmer, und mehr und mehr des verbliebenen Strandes verschwindet. Von einigen Zimmern aus ist der Zugang zum Wasser bereits behindert, und wo vor einem Bungalow noch ein Stück Strand ist, steht ein oder zwei Meter davor bereits eine Mauer im Wasser.

Relativer Preis: 6

9 Zimmerdichte zu Inselgröße:

Die 60 Zimmer sind geschmackvoll eingerichtet und ungewöhnlich groß. Minibar und Telefon sind Standard, die Bäder lassen allerdings zu wünschen übrig. Insgesamt 15 der Zimmer sind Wasserbungalows die, hervorragend plaziert, in einer Reihe parallel zum besten Riff der Insel stehen. Die nach Süden liegenden Veranden haben Stufen ins Wasser hinab, und es ist von hier nicht weit bis zur Riffkante.

Auf beiden Seiten der Insel liegen ausgezeichnete Tauchgründe nahe bei: Die Kanäle sind voll von großen Meeresbewohnen und in den Höhlen wimmeln Schwärme von Riffischen. Die Strömung dort kann sehr stark sein, weshalb sie nicht für Anfänger geeignet sind. Innerhalb des Atolls gibt es aber auch für diese die passende Tauchgebiete.

Rezeption, Bar und Restaurant sind attraktive, strohgedeckte Gebäude in denen man sich im abendlichen Dämmerlicht bequem zurücklehnen und entspannen kann. Die ursprünglich benutzten Baumaterialien jedoch, waren qualitativ nicht besonders gut und so läßt das italienische Management nach und nach alles ersetzen, um den Standard wieder zu erhöhen.

Und obwohl auch das Essen letzlich einfach nicht das ist, was man von einem italienischen Resort erwartet, ist Moofushi erstaunlich gut belegt. So scheint es letztlich der günstige Preis zu sein, der die Gäste über die mangelnde Strände und andere Nachteile hinwegsehen, und ihren Urlaub hier genießen läßt.

Ferienanlage *tel*: 450517 *fax*: 450509
email: moofushi@dhivehinet.net.mv

Dose Bier	$3.00	Halbtags-Inselhüpfen:	n/a
Lime juice:	$2.50	Fischen bei Sonnenuntergang:	$10
Mineralwasser:	$3.00		

Tauchzentrum Moofushi

Ein Tauchgang, gesamte Ausrüstung:	$55
Fünf Tauchgänge, gesamte Ausrüstung:	$275
Zertifizierter Tauchkurs:	$380

Flug........n/a
Schnellboot......45 Min.
Dhoni.....105 Min.

Nakatchafushi

Nordmalé Atoll

Dies ist ein besonders beliebtes Resort und man sieht auch sofort, warum: Die Umgebung ist schön, die Atmosphäre ungezwungen und der Service Spitze.

Die 51 Zimmer liegen fast versteckt unter einem grünen Dach von Kokospalmen und inmitten eines sorgfältig gepflegten Gartens voller importierter Blumen und Sträucher. Das Aussehen ist dadurch nicht ganz maledivisch, woran sich aber niemand zu stören scheint. Die Zimmer sind, obwohl zahlreich und dicht beieinander, ausreichend groß, sauber und gut ausgestattet (Klimaanlage, Minibar, zentrale Musikanlage). Die Bäder sind sehr gut und haben Qualitätsausstattung.

Die Musik folgt Ihnen in die Bar und Restaurants. Die Hauptbar ist groß, bequem und besonders abends erfüllt von Lärm und Aktivität. Fast alle Gäste buchen Halbpension und essen mitags im Coffee Shop oder unter den Palmen zwischen Pool und Lagune. Das Essen im Hauptrestaurant ist ziemlich einfach, aber in Ordnung. Wer möchte kann auf ein asiatisches Restaurant ausweichen.

Das Riff liegt an zwei Dritteln der Insel nahe am Ufer und an einem Drittel etwas weiter entfernt. Dadurch haben die Gäste einerseits viel Platz zum Schwimmen und für Wassersport, andererseits gelangt man auch leicht zum Schnorcheln an die Riffkante. Die Korallen haben sich nach einem starken Seesternbefall wieder erholt und präsentieren sich in gutem Zustand und mit einem großen Fischbestand. Die Tauchgänge sind gut organisiert und durchweg lohnend. Schnelle, neue Tauchboote bringen die Gäste zu den diversen Tauchgründen.

Relativer Preis:

8

10

Zimmerdichte zu Inselgröße:

Die Strände sind ausnahmslos sehr gut. Es gibt nur einige wenige, ziemlich weit herausragende Buhnen dazwischen, die man in Kauf nehmen muß, will man lange Strecken feinen Sandes haben.

Nakatcha wird von seinen Besuchern sehr geliebt. Fast alle sind Deutsche oder Engländer, und es wird behauptet, daß in jeder Woche rund fünfundachtzig Prozent der Gäste Wiederkehrer sind. Viele von ihnen faxen direkt an die Insel, um ein spezielles Zimmer zu buchen. Eine solche Treue spricht für sich - und für die Insel!

Ferienanlage *tel*: 443847 *fax*: 442665
email: nakatcha@dhivehinet.net.mv

Dose Bier	$3.30	Halbtags-Inselhüpfen:	$45
Lime juice:	$6.60	Fischen bei Sonnenuntergang:	$14
Mineralwasser:	$3.30		

Tauchzentrum Nakatcha

Ein Tauchgang, gesamte Ausrüstung:	$40
Sechs Tauchgänge, gesamte Ausrüstung:	$210
Zertifizierter Tauchkurs:	$500

NIKA

Flug........25 Min.
Schnellboot......120 Min.
Dhoni.....6 hours

Ari Atoll, nordwestlich

NIKA IST DER DIVEHI NAME FÜR EINE BESTIMMTE Muschel und für den Banyan-Baum. So wurde das Resort nach dem Baum benannt, und die Muschel wurde zum Logo. Der riesige Banyan-Baum, der in Mitte der Insel wächst und alles andere überragt, ist schon vom Meer aus sichtbar.

Als Resort ist es wahrscheinlich das mit der größten Privatsphäre von allen. Einfacher Grund dafür ist, das es nur einen Weg auf der Insel gibt und der verläuft in ihrem Inneren, hinter den Bungalows. Die Büsche und Bäume sind so angepflanzt worden, das die benachbarten Bungalows nicht einsehbar sind, und es ist sogar ziemlich schwierig, sie auch nur zu besuchen. Zudem gibt hier ein ungeschriebenes Gesetz, diese Privatsphäre nicht zu verletzen. Das heißt: kein Joggen am Strand!

So hat jeder Bungalow seinen eigenen privaten Strand. Der Preis dafür ist allerdings der Blick auf die Buhnen, die fast jeder Bungalow auf beiden Seiten seiner Parzelle hat. Manche davon sind niedrige und unauffällige Wälle, die meister aber leider große Mauern, wobei es noch immer die am besten gepflegten Srandbefestigungen des Landes sind.

Die Strände sind gut bis sehr gut, und die Lagune ist ausgezeichnet: nicht zu groß und nicht zu flach. Die Korallen beginnen ein gutes Stück enfernt aber das Riff ist nie zu weit weg, so daß man ebenso gut Schwimmen wie auch Schnorcheln kann. Eine negative Überraschung auf dieser sonst so klassischen Insel sind - trotz Baumwollauflagen - die Strandmöbel: Weiße

Relativer Preis: 3

2 Zimmerdichte zu Inselgröße:

Plastikstühle und - liegen.

Die Zimmer wurden, wie die ganze Insel, von einem italienischen Architekten entworfen, und gehören zweifellos zur absoluten Spitzenklasse unter den Resortzimmern (etwa gleichauf mit den Zimmern auf Sonevafushi, Kuda Hura und Banyan Tree). Das Design ist, ähnlich dem Inneren einer Muschel, nicht rund, sondern es besteht aus mehreren gewölbten, ineinanderliegenden Räumen.

Wohnzimmer, Schlafzimmer und die Dusche sind riesig. Das Bad allein ist größer als Schlafzimmer und Dusche vieler Hotels zusammen. Lamellenfenster, hohe Decken und leise Deckenventilatoren schaffen ein wunderbares Raumklima, so daß niemand die nirgendwo auf der Insel vorhandenen Klimaanlagen vermißt.

Es gibt keine Rezeption, sondern man betritt vom Hauptanlegesteg aus direkt die hübsche und bequeme Lounge mit Bar. Am Ende des anderen Steges ist das Restaurant und wann immer das Wetter schön ist, wird auf der Veranda gegessen. Das Essen ist erwartungsgemäß erstklassig, denn nur beste Zutaten werden importiert. Frühstück und Mittagessen sind Buffets, fünf Abendessen sind Menüs und zwei sind Barbecues am Strand. Darüber hinaus können Sie jederzeit ein Gericht im voraus

bestellen und es wird ohne zusätzliche Kosten für sie zubereitet.

Das ist wirklich ein Stück der Philosophie der Insel. Ein Urlaub hier ist sehr teuer, aber wenn man erst einmal da ist, wird man nicht mehr mit großen Rechnungen für eventuelle Extras überrascht. Zum Beispiel sind die Telefon- und Faxgebühren wahrscheinlich die günstigsten aller Hotels. Windsurfen und Kanus sind ebenso kostenlos wie Angeln bei Sonnenuntergang, Tennis oder Badminton.

In Nika´s Nachbarschaft liegt eine weitere, unbewohnte Insel die in Halb- und Ganztagsausflügen besucht werden kann. Außer dem morgendlichem Fischen vom Trawler aus, wird auch ein einmaliges Erlebnis angeboten: Haiffischfang! Dafür fährt man am Nachmittag mit dem Dhoni hinaus, übernachtet dort und kehrt am nächsten Morgen wieder zurück.

Einst eine ausschließlich italienische Insel, machen italienische Gäste heute nurmehr etwa zwei Drittel aus. Dazu kommen jetzt Deutsche und Franzose sowie einige wenige Japaner, die einen sehr privaten aber entschieden freundlichen Ort vorfinden.

Zeit seines langen Bestehens steht Nika an der Spitze. Die Insel hat eine großartige Lebensart gefunden und die Instandhaltung ist ausgezeichnet, weshalb zu erwarten ist, das sie auch noch viele Jahre dort bleiben wird.

Ferienanlage *tel:* 450516 *fax:* 450577
email: nika@dhivehinet.net.mv

Dose Bier	$4.00	Halbtags-Inselhüpfen:	$16
Lime juice:	$4.00	Fischen bei Sonnenuntergang:	incl.
Mineralwasser:	$3.00		

Tauchzentrum R & R

Ein Tauchgang, gesamte Ausrüstung:	$75
Sechs Tauchgänge, gesamte Ausrüstung:	$299
Zertifizierter Tauchkurs:	$499

Flug.......35 Min.
Schnellboot.......n/a
Dhoni.......n/a

Palm Beach

Llaviyani Atoll

Auf einer früher einmal bewohnten Insel gelegen, vollzieht Palm Beach erfolgreich die Gratwanderung zwischen minimaler Einflußnahme auf die Natur und möglichst vollständigen Einrichtungen.

Es gibt hier weder Buhnen noch Mauern im Wasser, so daß die Strände ungehindert mit den Jahreszeiten wandern können. Auf lange Sicht wohl die beste Lösung, bedeutet dies aber gleichzeitig, das manche Zimmer je nach Jahreszeit sehr wenig Strand haben können. Besonders betroffen sind davon die zwanzig teureren, zweigeschossigen Villen, die andererseits aber davon profitieren, daß sie auf der schattigen, mit Palmen und Blumen bewachsenen Seite der Insel und in der Nähe der Hauptgebäude und des herrlichen Restaurants gebaut sind.

Auf der gegenüberliegenden, mehr oder weniger zum Himmel offen Seite liegen die 25 Superior und 45 Deluxe Zimmer. Der Vorteil dieser Zimmer ist, daß es hier immer ruhiger und die Strände noch unberührter werden, je weiter man sich vom Gemeinschaftsbereich entfernt. Die Zimmer an sich sind ziemlich groß und angenehm, obwohl sie - wie alle Gebäude hier - ziemlich "klotzig" wirken. Die Absicht, deshalb speziell entworfene Textilien mit den traditionellen Matten-Designs

Relativer Preis: 5

Zimmerdichte zu Inselgröße: 5

einzuführen, wird willkommene Wärme und Auflockerung bringen.

Alle Zimmer haben Musikanlagen und Satelliten-TV sowie "in-house"-Video. Charakteristisch für Palm Beach ist, daß alles angeboten aber nichts erzwungen wird. Alle Wassersportmöglichkeiten - außer Tauchen - sind für Interessierte kostenlos. Ebenso Tennis, Squash, Tischtennis und Billiard. Alle Exkursionen und Angelfahrten sind ebenfalls kostenlos. Die Reiseleiter und die Betreuer des Hotels sind abends unauffällig im Restaurant anwesend, plaudern mit den Gästen und informieren sie über anstehende Veranstaltungen und Aktionen.

Ursprünglich für 180 Zimmer ausgelegt, sind die Hauptgebäude wie Restaurant, Coffee Shop oder Bar, für die tatsächlich gebaute Anzahl von nur 100 Zimmern leider etwas zu großzügig geraten. Die intime Atmosphäre, die durch Getränke und eine Live-Band in der Pool-Bar erzeugt wird, verliert sich in der Größe des riesigen Restaurants.

Das Essen gibt keine Grund zur Klage. Die immer frische, europäische Küche mit einem leichten Hang zum Italienischen, erfreut in höchstem Maße. Die Salate und Desserts, wie auch der außenliegende Fleisch- und Fischgrill sind außergewöhnlich gut. Obwohl fast alle Gäste Vollpension buchen, ist man nach einiger Zeit versucht, das kleine ausgezeichnete à la Carte Restaurant auszuprobieren, das wunderhübsch am Strand unter Palmen liegt.

Ferienanlage *tel*: 230084 *fax*: 230084
email: palmbech@dhivehinet.net.mv

Dose Bier	$4.00	Halbtags-Inselhüpfen:	incl.
Lime juice:	$4.00	Fischen bei Sonnenuntergang:	incl.
Mineralwasser:	$3.00		

Tauchzentrum Macana

Ein Tauchgang, gesamte Ausrüstung:	$52
Sechs Tauchgänge, gesamte Ausrüstung:	$260
Zertifizierter Tauchkurs: ab	$425

Paradise Island

Flug.......n/a
Schnellboot......20 Min.
Dhoni.......n/a

Nordmalé Atoll

Entweder man liebt Paradise Island oder man weiß, das man einen Fehler gemacht hat, sobald man vom Anlegesteg tritt. Dies ist keine kleine, gemütliche Hotelanlage. Sie ist groß, modern und aktiv. Keine Anlage hat mehr Einrichtungen und wenige können dem Maß an Service gleichkommen.

Das Personal ist nicht nur auf jeder Ebene auffallend gut geschult, sondern auch überaus freundlich und hilfsbereit. Der Service und die Einrichtungen reflektieren, daß diese Hotelanlage nicht weit von Malé und dem internationalen Flughafen entfernt liegt, und damit auch auf die Geschäftswelt und VIPs auf der Durchreise zielt.

Das Konferenzzentrum wird wahrscheinlich nicht unbedingt von Urlaubern benutzt, aber es gibt ein Fitness Studio, eine Sauna, Squash-, Badminton- und Tennisplätze, einen Volleyballplatz, Tischtennis- und Snooker Tische (Squash- und Badmintonplatz sind nicht klimatisiert und es ist deshalb äußerst heiß beim Spielen). Dazu steht das komplette Programm an Wassersportmöglichkeiten zur Verfügung: Katamaran, Windsurfen und Kanu, Parasailing, Wasserski und Jetski.

Tauchen ist natürlich auch möglich, und es gibt eine Anzahl ausgezeichneter Tauchgründe, einschließlich eines "Manta Point", in der Nähe.

Was die Abendunterhaltung anbetrifft, wird immer etwas geboten: von Fire Limbo und Krabbenrennen bis hin zu Disco und Live-

Relativer Preis:

6

8

Zimmerdichte zu Inselgröße:

keine großen Unterschiede zwischen den Zimmern. Man findet alles, was man sich nur wünschen kann und vielleicht sogar mehr: vom Bidet und Fön bis zu einem großen Satelliten-TV mit zehn Programmen und einer gut gefüllten Minibar. Was das Zimmer nicht hat, ist Charakter oder persönliche Atmosphäre, aber das Bett ist bequem und alles ist sauber, aufgeräumt und hell.

Bands. Sogar einen Karaoke Raum gibt es. Niemand beklagt sich hier über Langeweile! Genauso ist es möglich all dem fernzubleiben, indem man den Tag am Strand verbringt und abends in eines der anderen Restaurants oder Bars geht.

Neben dem Hauptrestaurant, welches sehr gut ist, gibt es ein japanisches Restaurant und zwei weitere Restaurants/Bars ganz am Ende des Bootsstegs und dem Verbindungssteg der Wasserbungalows. Das zum Sonnenuntergang hin gelegene ist ein italienisches Restaurant, das andere, zum Sonnenaufgang ausgerichtete, ein Fischrestaurant.

Mit insgeamt 260 Zimmern ist es die drittgrößte Anlage im Land. Vierzig davon sind Wasserbungalows. Abgesehen von der Aussicht und den Stufen in die Lagune gibt

Nicht alle Zimmer jedoch haben eine gute Lage. Dies ist eine recht neu eischlossene Insel, was bedeutet, das viel Land der Lagune abgewonnen wurde und einige Zimmer an Stellen liegen, die noch nicht voll ausgebaut sind, insbesondere, was Blumen, Bäume und vor allem Strände anbetrifft.
Dafür aber, daß die Strände angelegt wurden, sind sie bemerkenswert gut. Auch der Chefgärtner hat wunderbare Arbeit geleistet, und es wird wohl nur noch ein bis zwei Jahre dauern, bis einmal alles wie geplant aussieht.

Die Lagune ist riesig, flach und zum größten Teil ohne Korallen, was sie gut zum Schwimmen, aber enttäuschend zum Schnorcheln macht. Aus diesem Grund werden Schnorchelfahrten veranstaltet, die allerdings extra bezahlt werden müssen.

Tatsächlich beschwert sich mancher hier zu Recht, daß für alles und jedes "Extra" etwas verlangt wird. Andererseits sind Bier und Mineralwasser billiger geworden.

Trotzdem verbringen nahezu alle Gäste hier herrliche Ferien. Was die Einrichtungen, Aktivitäten und Dienstleistungen anbetrifft, sucht dies Resort seinesgleichen. Wenn Sie Möglichkeiten und Auswahl in einer modernen, lockeren Umgebung suchen, dann ist dies für Sie genau das Richtige.

Ferienanlage *tel:* 440011 *fax:* 440022
email: paradise@dhivehinet.net.mv

Dose Bier	$3.00	Halbtags-Inselhüpfen:	$25
Lime juice:	$2.75	Fischen bei Sonnenuntergang:	$20
Mineralwasser:	$2.75		

Tauchzentrum Delphis

Ein Tauchgang, gesamte Ausrüstung:	$60
Fünf Tauchgänge, gesamte Ausrüstung:	$300
Zertifizierter Tauchkurs:	$560

Ranveli

Flug.......25 Min.
Schnellboot.......n/a
Dhoni.......n/a

Ari Atoll, südöstlich

Ranveli ist sowohl in der Geographie als auch im Design der Gebäude sehr ungewöhnlich. Weniger ungewöhnlich ist die große Zahl ausgelassener Italiener, denn schließlich ist auch dies ein hundertprozentiges "Club Vacanza" Vollpensions-Resort.

Der Sand auf dieser schmalen Insel hat sich an ihrem einen Ende angesammelt und dort einen wunderbaren, breiten Strand geschaffen, der sich bis in die Lagune hineinzieht. Wie geschaffen also zum Sonnenbaden, Volleyball spielen oder generell als Treffpunkt. Es ist der einzige adäquate Ort im Freien, da der Rest der Insel, wenn überhaupt, nur einen sehr schmalen Strand hat. Als Alternative steht der Bereich um den kleinen aber feinen Swimming-Pool zur Verfügung.

Nur wenige Zimmer haben einen eigenen Strand direkt vor der Tür, doch es sind meist nur ein paar Schritte zum Hauptstrand oder zum Schnorcheln. Um den gesamten Sandstrand und die Südseite der Insel herum ist die Lagune ausgedehnt und sehr flach. Das mag zum Abkühlen oder Plantschen ausreichen, nicht jedoch für Wassersport. Auf der anderen Seite liegt die Riffkante nur zehn bis fünfzehn Meter vom Ufer entfernt, so daß es dort im Prinzip keine richtige Lagune, dafür aber großartige Schnorchelmöglichkeiten in unmittelbarer Nähe gibt.

Möglicherweise ist es das nahegelegene Riff das die Leute begeistert, denn hier gibt es wahrscheinlich mehr Taucher als in irgendeinem anderen italienischen Resort. Bis zu 40 Gäste fahren mit mehreren Booten zweimal täglich hinaus, um in den ausgezeichneten Gewässern tauchen zu gehen. Die Südost-Ecke bietet mit das beste Tauchgebiet in diesem, wenn nicht sogar in allen Resort-Atollen.

Das volle Tagesprogramm umfaßt natürlich diverse Angeltouren und Besuche von anderen Resorts und unbewohnten Inseln. Nachtschnorcheln und Schnorchelausflüge werden ebenfalls organisiert. Niemanden scheint es zu stören, daß im Unterschied zu den anderen "Club Vacanza" Resorts, nichts davon im Reisepreis enthalten ist, so daß man sogar die Schnorchelausrüstung mieten muß.

In einem kleinen Theater werden

Relativer Preis:
6

10
Zimmerdichte zu Inselgröße:

allabendlich Laienschauspiel und Komödienabende veranstaltet, und offensichtlich scheinen auch die Tanzeinlagen nach jedem Essen zum Programm zu gehören. Dies findet auf einem einzigartigen,

im Stil des 19. Jahrhunderts erbauten Pier statt, das sich bis über das Wasser hinaus erstreckt. An den Seiten offen und mit vielen Dekorationen aus bemaltem Glas, Bleilüstern und Rundbogenfenstern ist es hier gelungen die kühle, leichte und gleichzeitg entspannt intime Atmosphäre einer vergangenen Epoche einzufangen. Schlichtweg ein herrlicher Ort zum Essen und Trinken.

Frühstück und Mittagessen sind Buffets, das Abendessen ein Menü – aber mit einem Gemüse und Salatbüffet. Das Essen ist wie immer vorzüglich. Jedes der Club Vacanza Resorts rühmt sich, das man selbst bei zwei verschiedenen Pastas pro Tag zwei Wochen Urlaub machen kann, ohne daß sich ein Gericht wiederholt.

Als einzige Kritik sei erlaubt, daß es zu viele Zimmer für die Größe der Insel gibt: Die 56 Zimmer - in zweistöckigen Blocks zu je vier - nehmen den größten Teil der Insel ein. Für viele Leute ist das kein Problem, da sich so gut wie alles auf der Insel im Freien abspielt und viele tagsüber Ausflüge machen. Für manche allerdings mag es sehr wohl eine Abschreckung sein.

Ferienanlage *tel:* 450570 *fax:* 450523
email:

Dose Bier	Halbtags-Inselhüpfen:
Lime juice:	Fischen bei Sonnenuntergang:
Mineralwasser:	

Tauchzentrum Ranveli
Ein Tauchgang, gesamte Ausrüstung:
Sechs Tauchgänge, gesamte Ausrüstung:
Zertifizierter Tauchkurs:

Reethi Beach

Flug.......35 Min.
Schnellboot.....n/a
Dhoni.......n/a

Baa Atoll

Die Insel hat phantastische natürliche

Gegebenheiten, das Resort hat ausgezeichnete Einrichtungen und nur die mäßige Bauqualität ist Schuld daran, daß es nicht zu den Spitzenresorts zählt.

Ein feiner, weitläufiger Strand, der nur an den Seiten etwas schmaler wird, umschließt die gesamte Insel. Will man alle Strände erreichen, muß man den Inselpfad verlassen und an der Außenseite herumgehen, da er zu einem guten Teil im Inselinneren verläuft und so rund ein Drittel der Strände unzugänglich sind. Wichtig ist letztlich aber, das überall dort wo Zimmer liegen, auch ein guter Strand ist.

Die Lagune ist ideal. Auf beiden Seiten ist der Riffabfall nicht weit entfernt, wobei die eine Seite ein klassischer Riffrand (und damit bestens zum Schnorcheln) ist, während die andere Seite in einer großen, tiefen Lagune ausläuft. Letzteres macht sie perfekt für Schwimmen und Wassersport, da sie ausreichend tief, aber gleichzeitig vor Wellen und starken Strömungen geschützt ist. Das sehr aktive und gut geführte Wassersportzentrum ist voll ausgerüstet und wird stark frequentiert. Hier kann man Jetski, Wasserski und Tretboote wie auch die üblichen Katamarane und Surfbretter ausleihen. Ein paar Sandbänke und unbewohnete Inseln in der Nähe bieten lohnende Ziele.

Weiterhin stehen an Land zwei Tennisplätze und (in einem nicht klimatisierten jedoch gut belüfteten Gebäude) zwei Squash- und Badmintoncourts, sowie Tischtennisplatten und ein gut ausgestatteter, klimatisierter Fitnessraum zur Verfügung.

Die "all-inclusive" Gäste bekommen ihre Snacks und Getränke an einer separaten Bar. Je nach Auffassung kann man das als "Privatclub" betrachten oder aber auch als Behinderung, sich am Abend mit den anderen Gästen zusammensetzen zu können.

Es gibt ein chinesisches und ein Grillrestaurant, das für den Fang des "sunset fishing" und besondere Anlässe genutzt wird. Das Essen im Hauptrestaurant selbst ist einfach ausgezeichnet – z.B. gefüllter Tintenfisch in Hummersauce, Hähnchenrouladen, verschiedene Salate ....

Einziges Problem ist, daß die Bebauung mit

Relativer Preis: 8

Zimmerdichte zu Inselgröße: 7

diesem Standard einfach nicht mithalten kann. Unpersönliche Betonklötze, verkleidet mit lackiertem Sperrholz, prägen das Bild. Das Resort war das erste einer ganze Reihe, die im November 1998 neu eröffnet wurden, und jedes Detail läßt die Eile bei seiner Errichtung erkennen. Im Jahr 2000 hat ein neues Management übernommen und mit der Zeit und einigem an Gestaltungsarbeit will man dieses Manko beheben.

Die 100 Zimmer sind bequem aber sehr einfach möbliert und teilen sich in 40 Superior, 30 Deluxe und 30 Wasserbungalows auf. Die Superior Zimmer stehen in Reihen, während die Deluxe zwar separat und mit einer Hollywoodschaukel ausgestattet sind, jedoch eng zusammen liegen. Die Außenseiten der Fundamente sind, ähnlich denen einer der historischen Korallenstein-Moscheen, auffallend hübsch gestaltet. Die Wasserbungalows haben sogar Fernseher mit Internet-Zugang, aber dafür vermißt man die Stufen hinab ins Wasser.

Bis zur Eröffnung dieses Resorts gab es nur ein weiterers im Atoll (Sonevafushi), so daß man an kaum besuchten Stellen tauchen geht. Reethi Beach verfügt über einen großen Kanal nordöstlich des Atolls und damit über eine große Anzahl verschiedener Tauchgründe. Der Fischbestand ist außergewöhnlich, und man begegnet vielen der großen Meerestiere, die den Kanal als Weg durch die Atolle nutzen. Die Tauchbasis bietet täglich bis zu vier Tauchgänge und Nachttauchen in jeder zweiten Nacht an. Wenn also Tauchen zu Ihren Prioritäten gehört, wird es Ihnen hier zweifellos gefallen.

Ferienanlage *tel:* 232626 *fax:* 232727
email: info@reethibeach.com.mv

Dose Bier	$3.50	Halbtags-Inselhüpfen:	$47
Lime juice:	$4.50	Fischen bei Sonnenuntergang:	$20
Mineralwasser:	$3.50		

Tauchzentrum Sea Explorer

Ein Tauchgang, gesamte Ausrüstung:
Fünf Tauchgänge, gesamte Ausrüstung:
Zertifizierter Tauchkurs:

Flug.......n/a
Schnellboot.....45 Min.
Dhoni.......150 Min.

Reethi Rah

Nordmalé Atoll

REETHI RAH IST EIN ALTES RESORT MIT EINER „Einheimischen-Insel" Atmosphäre. Seine natürliche Erscheinung und das lockere Management vermitteln einen besonderen Charme, können aber nicht über zeitweise Unaufmerksamkeit und Reparaturbedürftigkeit hinwegtäuschen. Die Strände und das Windsurfen hier sind jedoch unbestritten gut.

Auf dieser langen, schmalen und in Nord-Südrichtung verlaufenden Insel, ist der ins Atoll hinein liegende Strand einfach wunderbar: cremefarben, fein und nirgends von Buhnen oder Mauern unterbrochen. Gelegentlich reicht die dichte Vegetation bis nahe ans Wasser heran, was kleinere private Strandabschnitte schafft.

Völlig anders ist da die gegenüberliegende Seite der Insel: Ein Streifen schroffer Korallenfelsen zieht sich an der gesamten Länge der Insel entlang. Das ist zwar nicht besonders schön, schützt aber den sehr schmalen Strand vor den gewaltigen Strömungen des offenen Meeres.

Die Lagune um die gesamte Insel ist sehr groß und mit ihrem weichen, sandigen Untergrund ideal zum Schwimmen und für Wassersport. So ist gerade bei Anfängern das Windsurfen sehr beliebt. Schnorcheln wiederum ist ziemlich enttäuschend: Der Riffrand liegt sehr weit entfernt und erholt sich immer noch von einem zurückliegenden Seesternbefall. Tauchen ist in der Gegend aber nach wie vor ausgezeichnet. Viele bekannte Tauchgründe, wie z.B. die geschützte Unterwasserwelt von *Makunudhoo Kandu* liegen in dem nördlich verlaufenden großen Kanal.

Reethi Rah wurde bereits 1979 eröffnet und sieht noch immer mehr wie eine bewohnte Insel als wie ein geplantes Resort aus. Es gibt kaum Kokospalmen, aber die Vegetation ist dicht und das Klima kühl und schattig. Herabgefallende Blätter werden ins Unterholz gekehrt, durch das Sie ein mit Lilien gesäumter Pfad führt.

Relativer Preis: 5

Zimmerdichte zu Inselgröße: 4

Gut gemeinte Vernachlässigung mag in der Natur funktionieren, nicht jedoch bei den vom Menschen geschaffenen Gebäuden. Wenigstens die Bar und das Restaurant müßsten renoviert werden und auch die Zimmer könnten eine neue Einrichtung vertragen. Es ist einfach hier und man verlangt keine Spitzenpreise für Ihren Urlaub, aber es wird Zeit, sich dem allgemeinen Trend zur Renovierung anzuschließen.

Von den insgesamt 60 Zimmern sind zehn Wasserbungalows. Diese sind ein wenig teurer, liegen aber direkt an einem Strand und sind größer, heller und neuer als die Strandbungalows. Letztere sind solide gebaut und stehen einzeln, aber der Einrichtung und Ausstattung sieht man das Alter deutlich an. Man hat zwar einen Kühlschrank und ein Telefon dazugestellt, es gibt aber weder Klimaanlage noch heißes Wasser und auch die gesamte Dekoration ist nicht das, was man sich so vorstellt. Hinzu kommt, daß auch die Management nicht sonderlich bemüht ist.

Betrachtet man es positiv, müßte man

sagen, das man normalerweise ja nicht allzuviel Zeit in den Zimmern verbringt. Die wichtigen Dinge sind gut: Das Wasser ist kristallklar und der Strand ist fantastisch.

Ferienanlage *tel*: 441905 *fax*: 441906
email: rrresort@dhivehinet.net.mv

Dose Bier	$3.30	Halbtags-Inselhüpfen:	$17
Lime juice:	$2.75	Fischen bei Sonnenuntergang:	$16
Mineralwasser:	$3.85		

Tauchzentrum Eurodivers

Ein Tauchgang, gesamte Ausrüstung:	$42
Sechs Tauchgänge, gesamte Ausrüstung:	$252
Zertifizierter Tauchkurs:	$476

Rihiveli

Flug.......n/a
Schnellboot.......50 Min.
Dhoni.......n/a

Südmalé Atoll

Rihiveli ist ein wunderbares Resort mit deutlich französischer Anmutung und einem kultivierten Ambiente. Allein an der Südspitze des Süd Malé Atolls gelegen, scheint das Geheimnis des Charmes dieser Insel eifersüchtig von den Paaren gewahrt zu werden, die sie entdeckt haben und seither Jahr für Jahr zurückkehren.

Das heißt jedoch nicht, daß es hier elitär zugeht. Das Resort wird von einer aktiven und sympathischen Gruppe hauptsächlich junger Leute verwaltet, die ihr Bestes geben, damit sich jeder wohl fühlt. Es ist ein Ort, an dem man sich zurückziehen und ruhig den Luxus genießen kann. Gleichwohl lassen sich aber auch die Tage mit Aktivitäten und die Abende mit Gesellschaftsleben ausfüllen.

Natürlich mischen die meisten Gäste beides und dafür ist Rihiveli ausgezeichnet. Jederzeit kann man kostenlos Surfbretter, Kanus oder Katamarane benutzen oder sogar Wasserski fahren. Zweimal täglich finden Ausflüge zu einem der 15 Schnorchelgebiete in der Umgebung statt. Abends gibt es regelmäßig Tischtennis Wettkämpfe und ähnliches. Auch Parasailing, Sportfischen und diverse Ausflüge werden organisiert, die genau wie alles andere kostenlos sind.

Dies ist ein all-inclusive Resort im wahrsten Sinne. Es ist das einzige Resort der Malediven, in dem frisches, gekühltes Wasser überall erhältlich ist – nicht nur in den Zimmern sondern auch in Bar und Restaurant. Und was das Restaurant angeht (über dem Wasser gebaut), so beinhaltet Vollpension sowohl eine gute Auswahl an Buffets und Barbecues als auch à-la-Carte Menüs. Sie brauchen nicht einmal zum Mittagessen zu erscheinen, sondern können einfach zur einen der beiden unbewohnten Insel in der Lagune waten oder mit dem Kanu übersetzen: dort wird täglich um 13.00 Uhr ein Barbecue-Lunch serviert.

Flach und sandig ist die riesige Lagune zwar

Relativer Preis:

5

8

Zimmerdichte zu Inselgröße:

nicht perfekt, aber im tieferen Wasser wurde eine Plattform zum Wasserski fahren befestigt und daneben ein "Swimmingpool" aus dem lagunengrung ausgehoben. Die Schnorchelausflüge bieten Ersatz für ein Hausriff.

Durch die Lagune und einige wenige Buhnen geschützt sind die Strände um die gesamte Insel herum ausgezeichnet. Etwas zurückversetzt - jedoch mit Blick auf Strand und Wasser - und durch kunstvoll beschnittene Büsche beschattet, liegen die 48 Zimmer. Jeweils zwei bilden ein „Cottage".

Einfachheit und Eleganz sind hier die Schlüsselwörter. Sichtbar vom ersten Augenblick, den sie den unregelmäßigen und an den Rändern mit Gras bewachsenen Weg vom Anlegesteg heraufkommen. Der zentrale Punkt des Resorts ist das wunderhübsch gestaltete Gebäude mit der Bar/Lounge und dem Spielezimmer. Wie im Südpazifik sind die steil aufragenden, strohgedeckten Dächer über die offenen Seiten bis tief zum Boden heruntergezogen. Im Innern ist es kühl, schattig und komfortabel.

Der Eindruck von Südsee wird noch weitergeführt (für manchen Geschmack vielleicht ein wenig zu weit), wenn die Conch-Muschel geblasen wird, um die Mahlzeiten anzukündigen und ein zahmer Papagei an der Bar die ersten Strophe der "Marseillaise" singt. Den klar westlichen Touch unterstreicht die klassische Musik, die täglich zum Sonnenuntergang über dem Strand vor der Bar erschallt, wenn die Gäste den Sonnenuntergang bei einem Cocktail genießen. Wer die Stimmung und Atmosphäre von Rihiveli mag, wird wunderbare Tage hier verbringen.

Ferienanlage *tel*: 443731 *fax*: 440052
email: info@rihiveliisland.com

Dose Bier	$2.80	Halbtags-Inselhüpfen:	incl.
Lime juice:	$2.00	Fischen bei Sonnenuntergang:	incl.
Mineralwasser:	$3.00		

Tauchzentrum Eurodivers

Ein Tauchgang, gesamte Ausrüstung:	$43
Fünf Tauchgänge, gesamte Ausrüstung:	$205
Zertifizierter Tauchkurs:	$471

SONEVAFUSHI

Flug.......30 Min.
Schnellboot......n/a
Dhoni.......n/a

Baa Atoll

Wenige, wenn überhaupt eine andere Insel kann sich mit dem üppigen Wuchs und der Vielfalt an Vegetation hier messen. So ist es gleichermaßen unterhaltsam wie lehrreich, sich entlang der sandigen Wege durch den Dschungel, auf Entdeckungsreise zu begeben. Auf Wunsch sogar mit dem Fahrrad.

Die Zimmer sind je nach Größe und Luxus in sechs Kategorien unterteilt: vom kleinen, jedoch perfekt gestylten "Rehendi" Zimmer bis zur verschwenderischen Extravaganza der Präsidenten Suite. Überall wurden ausschließlich naturbelassene Materialien verwendet. Vieles ist aus heimischem Kokosholz, Bambus und Stroh hergestellt und manches wurde gar aus einst schmucklosen „Fundstücken" gestaltet. Es ist gerade so, als ob sich Robinson Crusoe entschlossen habe ein Resort zu eröffnen, anstatt in die Zivilisation zurückzukehren.

Jeweils auf seiner eigenen, aus dem Dschungel geschnittenen Lichtung gelegen, ist jedes Zimmer nur ein paar Meter vom perfekten Strand entfernt, der sich um die ganze Insel herumzieht und von keiner einzigen Buhne oder Mauer unterbrochen ist. Der Riffabfall ist nirgends weiter als ein paar Schwimmzüge entfernt.

SONEVAFUSHI IST NOCH IMMER DAS BESTE RESORT AUF den Malediven. Es hat sogar den wachsenden Ruf eines der besten Resorts in Süd- und Südostasien zu sein. Es ist dabei natürlich kaum zu vermeiden, daß es auch so teuer ist, wie man es von einem solchen Ort erwartet. Wenn Sie aber wirklich das Beste der maledivischen Natur, gepaart mit Perfektion in Design und Gastfreundschaft, erleben möchten, dann sind Sie hier richtig.

Nur sechzig Zimmer sind auf diese größte Resortinsel des Landes gebaut worden (Zum Vergleich: die nächstgrößte, Kuredu, hat dreihundert). Und was für eine Insel!

Die hohe Qualität der Insel ist geradezu unfair. Ein kleiner Bereich wird mit fast allen Kräutern, Salaten und Gemüsesorten bepflanzt, die von dem Team internationaler Köche zur Komposition ihrer unvergleichlichen kulinarischen Genüsse

Relativer Preis: 1

Zimmerdichte zu Inselgröße:

benötigt werden. Eines der beiden Restaurants serviert in erster Linie europäische bzw. südeuropäische Gerichte, während man im anderen eine Mischung aus fernöstlichen und westlichen Gerichten kreiert hat. Ein Weinkellner hilft bei der Wahl aus über dreihundert Weinen, die in Preislagen zwischen 35$US und 500$US pro Flasche rangieren.

Die beiden Restaurants sind auf gegenüberliegenden Seiten der Insel. Eines neben der Hauptbar, das andere am Strand in der Nähe von Bibliothek, Shop und (kleinem) Konferenzraum. Verborgen im Inneren der Insel, erwartet Sie ein wunderbares Wellness-Center. Selbst wenn die Insel voll belegt ist, laufen sich die Gäste kaum einmal über den Weg und so sind sie überrascht, daß Sie so viele andere bei den wöchentlichen Cocktail-Partys treffen, die vom Manager auf einer nahegelegenen Sandbank veranstaltet werden.

Es gibt keine Abendunterhaltung und die Ausflüge sind mehr in der Art von Champagner-Frühstück auf einer einsamen Sandbank oder "sunset cruises" für zwei. Wenn Sie einen Ausflug buchen oder irgend etwas anderes regeln möchten, rufen Sie einfach Ihren persönlichen Gästebeteuer an; eine Rezeption als solche existiert nämlich nicht.

Einfach alles an diesem Ort ist Spitzenklasse. Wenn Sie es sich leisten können, ist dies das absolut beste Resort der Malediven.

Ferienanlage *tel*: 230304 *fax*: 230374 *email*: sonresa@soneva.com.mv

Dose Bier	$4.40	Halbtags-Inselhüpfen:	$100
Lime juice:	$3.85	Fischen bei Sonnenuntergang:	$30
Mineralwasser:	$3.85		

Tauchzentrum Soleni

Ein Tauchgang, gesamte Ausrüstung:	$80
Fünf Tauchgänge, gesamte Ausrüstung:	$190
Zertifizierter Tauchkurs:	$360

Flug.......10 Min.
Schnellboot.....60 Min.
Dhoni.......90 Min.

Summer Island

Nordmalé Atoll

Was einst eine grob gestaltete Tauchinsel

war, ist über die Zeit zu einem "all-inclusive" Resort der Mittelklasse gereift das überwiegend von Deuschen besucht wird. Daß es nicht gerade eine der schönsten Insel ist, lassen die besonderen Bemühungen des langjährigen Managements und des netten Personals schnell vergessen.

Neben Essen und Getränken sind auch je einmal Inselhüpfen und Nachtangeln sowie zwei Schnorchelausflüge pro Tag im Paket enthalten. Da man das Hausriff kaum vom Strand aus erreichen kann, werden täglich bis zu sechs Schnellboottouren zu Schnorchelplätzen in der Umgebung veranstaltet. Die große Lagune ist allerdings perfekt für Wassersport und das gut plazierte Sportcenter ist daher praktisch mit allem ausgestattet, was man sich vorstellen kann.

Die Leiter der Tauchbasis, Lydia und Michael, leben seit mittlerweile 18 Jahren hier und haben in dieser Zeit wohl jedes versteckte Thila und jede Höhle in der Umgebung entdeckt. Sie führen ein leistungsfähiges Tauchzentrum und kennen schnell den Leistungsstand ihre Taucher und deren Namen. Mit mehr als vierzig Tauchplätzen, die innerhalb einer Stunde mit dem Dhoni erreichbar sind, ist das Tauchen hier als sehr gut zu bezeichnen.

Der Wechsel zu "all-inclusive" hat die Anzahl der Taucher deutlich sinken lassen, was man je nach Blickwinkel als Vor- oder Nachteil sehen mag.

Die 92 Standard Zimmer sind ziemlich dicht beeinander, entlang der Seiten der fast dreieckigen Insel aufgereiht (Lwölf davon in einem zweistöckigen Block). Die – letztes Jahr renovierten - Zimmer sind gut, wenn auch einfach und ohne "Extras". Alle sind klimatisiert und mit einem dritten Bett sowie dem klassichen "Gifili", dem nach oben offenen Bad ausgestattet.

Relativer Preis: 9

Zimmerdichte zu Inselgröße: 10

Die Zimmer an der "Basis" des Dreiecks haben den besten Strand. Breit, feinsandig und mit ungehinderter Aussicht. Auf den beiden langen Seiten steht leider jeweils eine niedrige Mauer direkt vor dem Strand bzw. in die Lagune.

An der Spitze der Insel wurden jetzt 16 geräumige Wasserbungalows, in vier Blöcken zu je vier, neu gebaut. Solide gefertigt, ähneln sie denen auf Embudu sehr - einschließlich der Glasplatte im Holzboden! Minibar, Telefon, Fön und Satelliten-TV vervollständigen die Ausstattung. Es sind sehr hübsche Zimmer mit wunderbarem Ausblick auf das Riff und den Horizont. Einziger Nachteil ist, daß man auf der Veranda den Blicken seiner Nachbarn ausgesetzt ist.

Soll das Zustellbett in jedem Zimmer gerade Familien animieren hierher zu kommen, so hat man sich auch Anreize einfallen lassen, Gäste zum wiederkehren zu bewegen: Die Tauchbasis gibt für "Wiederkehrer" einen Preisnachlaß und man bekommt bei der Ankunft Früchte und Wein aufs Zimmer. Dann gibt es einen Kuchen für jeden Geburts- und Hochzeitstag und Früchte und Essen am Strand oder ein T-Shirt, wenn man die Flitterwochen hier verbringt. Zusammen mit den besonderen Bemühungen der Gärtner, die die Insel fortlaufend verschönern, zeigt dies einmal mehr die Qualität des Managements.

Ferienanlage *tel*: 443088 *fax*: 441910
email: siv@dhivehinet.net.mv

Dose Bier	incl.	Halbtags-Inselhüpfen:	1 incl.
Lime juice:	incl.	Fischen bei Sonnenuntergang:	1 incl.
Mineralwasser:	incl.		

Tauchzentrum Diving

Ein Tauchgang, gesamte Ausrüstung:	$46
Sechs Tauchgänge, gesamte Ausrüstung:	$276
Zertifizierter Tauchkurs:	$490

Sun Island

Flug.......35 Min.
Schnellboot.....150 Min.
Dhoni.......n/a

Südmalé Atoll

SUN ISLAND IST FÜR DIE MALEDIVEN, WAS TEXAS FÜR die Vereinigten Staaten ist. Alles hier ist im großen Maßstab. Es ist das größte Resort mit den meisten Freizeiteinrichtungen, dem größten Pool und den riesigsten Buffets im ganzen Land. Und auch hier findet sich diese seltsame Mischung von aufdringlicher Moderne und Dekorationen im Stil der reichen alten Welt. Letztlich besitzt es sogar, dasselbe großzügige und echte Gefühl für Service.

Das Niveau des Services, die Anzahl der Möglichkeiten, die gesamte bauliche Qualität und die Hochwertigkeit der Möblierung bringen dieses Resort klar in die fünf Sterne Kategorie. Aber man bekommt keine fünf Sterne Rechnung, wenn man hier wohnt. So ist der Gegenwert, den man für sein Geld bekommt, im Augenblick ausgezeichnet.

Kein anderes Resort im Land hat eine Golf-Grün zum putten. Und man hat - typisch für den Eigentümer - keine Kosten gescheut, um dies perfekt zu machen: Die besonderen Grassamen wurden aus den USA importiert, unter dem Gras ist ein komplexes Sandfiltersystem, Berater haben Monate für diese Arbeit benötigt, etc...

Am Rasen entlang befindet sich ein breiter, gepflasterter, mit Palmen gesäumter Boulevard. Auf der anderen Seite liegen die makellosen Tennis-, Volleyball- und Basketballplätze. Es ist mehr wie ein Stück Kalifornien oder mediterranes Spanien und gar nicht mehr typisch maledivisch. Aber mit den gestiegenen Anforderungen an Natur und Luxus hat sich in den letzten Jahren ohnehin alles immer weiter vom "typisch maledivischen" wegbewegt.

Vor Kurzem hat Sun Island den ersten „Presidential Green" Preis verliehen bekommen, was zeigt, das man auch im Hintergrund große Anstrengungen

unternommen hat, um das Resort umwelt-freundlich zu gestalten. Auf den fruchtbaren Böden der Insel wachsen viele majestätische Kokospalmen, und das andernorts eher seltene Vogelgezwitscher begeitet die Sonnenauf- und untergänge. Die Strände sind rundherum herrlich und ohne Buhnen. Die große Lagune mit dem weichen Grund ist ideal zum Schwimmen und für Wassersport.

Das Tauchzentrum wird von einem sehr aktiven, jungen Holländer geleitet, der – typisch für diesen Ort - versucht, niemals

Relativer Preis: 6

Zimmerdichte zu Inselgröße: 6

"nein" zu sagen. Es gibt beinahe nichts, was nicht getan werden kann, um die Wünsche der Gäste zu erfüllen. Das Tauchen ist mit das Beste im Atoll und die Einführungstauchgänge für Einsteiger erfreuen sich großer Beliebtheit. Kanäle, Höhlen und Außenriffe sind die Hauptattraktion und bieten die Möglichkeit, große Meerestiere bis hin zu Walhaien zu sichten.

Schnorcheln ist nicht das Beste in der Gegend. Man kann eigentlich nur vom Ende des Bootsstegs schnorcheln, der zum Atoll hin liegt. Es gibt hier keinen Steilabfall, sondern einen sanften Abhang. Trotzdem sind die Fische zahlreich und das italienisch/japanische Restaurant an dieser Stelle am Bootssteg dient tagsüber als Treffpunkt und Coffee Shop.

Auf der gegenüberliegenden Seite der Insel sind die Wasserbungalows. Dies sind die teuersten Zimmer (neben den zwei 'Präsidenten Suiten' Wasserbungalows) und der Service für diese Zimmer ist außerordentlich gut (separates Essen). Zwischen den Deluxe und den Super Deluxe Zimmern an Land, kann man außer einem innenliegenden Bad keinen großen Unterschied ausmachen. Alle Zimmer sind gleichsam solide gebaut und haben die selbe schwere, wertvolle Ausstattung.

Obwohl Sun Island offensichtlich ein sehr großes Resort ist, das wirklich alles bietet ist es die Menge an Kleinigkeiten, die die wirkliche Intention eines Hotels zeigen. Hier sind alle Stühle und Sonnenliegen aus Holz und nicht aus weißem Plastik, die Pool Bar bietet frische Früchte und Fruchtsäfte an und der Kaffee auf der ganzen Insel ist nicht Nescafe, sondern frisch gemahlener

Bohnenkaffee. Der pompöse Stil von Sun Island ist nicht jedermanns Sache, aber die Aufmerksamkeit zum Detail und der Service werden niemanden enttäuschen.

Ferienanlage *tel*: 316161 *fax*: 314565 *email*: vilahtls@dhivehind.net.mv

Dose Bier	Halbtags-Inselhüpfen:
Lime juice:	Fischen bei Sonnenuntergang:
Mineralwasser:	

Tauchzentrum Diving

Ein Tauchgang, gesamte Ausrüstung:	$50
Sechs Tauchgänge, gesamte Ausrüstung:	$300
Zertifizierter Tauchkurs:	$490

Taj Coral Reef

Flug.......n/a
Schnellboot.....35 Min.
Dhoni.......n/a

Nordmalé Atoll

Dieses hübsche kleine Resort wird von der Taj Gruppe geleitet, Indiens führender Luxushotelkette. Das der Spitzenklasse verschriebene Management entwickelt ein erstklassiges Produkt auf einer sorgsam kultivierten Insel ständig weiter. Nur die Kräfte der Natur haben an ihren Rändern einige Probleme verursacht.

Verglichen mit den meisten anderen Resorts wurden hier besondere Anstrengung in die Freizeitmöglichkeiten investiert. Neben den üblichen Ausflügen steht ein Glasboden-boot zur Verfügung und das Tauch-Dhoni wird für Champagnerfahrten ausgeliehen. Stachelrochen fütterungen findet täglich statt, Fotoflüge werden angeboten, und es gibt sogar eine Gartenbautour mit dem indischen Gärtner. Die Reihe der abendlichen Unterhaltungsmöglichkeiten umfaßt auch so ungewöhnliche Dinge wie Akrobatik, Bingo oder "Bodu Beru", eine kulturelle Vorführung am Strand, an der sowohl einheimische Männer als auch Frauen teilnehmen. Des weiteren verfügt die Insel über ein Fitness-Center, Swimming-Pool, Whirlpool, Tischtennis- und Snooker-Tische und natürlich ein wunderbares Wellness-Center im balinesichen Stil. Angenehm auffällig ist, daß dieses umfangreiche Angebot nirgendwo aufgedrängt wird, sondern von jedem der mag beliebig genutzt werden kann.

Ebenso groß ist die Auswahl bei den Mahlzeiten und den Orten an denen sie serviert werden. Das Hauptrestaurant bietet täglich drei Buffets mit wechselnden Mottos: maledivisch, italienisch, Barbecue, mexikanisch, chinesisch und Meeresfrüchte. Das kleine á-la-carte Restaurant am Strand hat sich auf Currys und Grillgerichte spezialisiert und veranstaltet gelegentlich spezielle "candlelight diner" mit Hummer und Garnelen am Strand. Die Qualität der Restaurants ist wirklich sehr gut. Überraschend fand ich nur, daß als Kaffee ausschießlich Nescafe serviert wird.

Relativer Preis:

5

8

Zimmerdichte zu Inselgröße:

Die insgesamt 65 Zimmer teilen sich in 35 "Garten Villen" und 30 "Lagunen Villen" auf. Sie sind im Wesentlichen gleich, wobei die Lagunen Villen geringfügig größer, und Aussattungsdetails wie z.B. Stoffe, von noch besserer Qualität sind. Die Inneneinrichtung ist bei beiden Typen jedoch gleich und in hellen Erdfarben gehalten. Der Wasserkocher für Tee und Kaffee ist ein nettes Extra, während Satelliten-TV, Minibar und Tresor schon beinahe zum Standard in dieser Kategorie gehören. Die wunderbare Aussicht von den "Lagoon Villas" wird lediglich vom Anblick eine Korallenmauer getrübt, die man auf dieser Seite der Insel zum Schutz vor den Meeresströmungen errichten mußte.

Die "Garden Villas" liegen nahe am Strand, der aber nur bei Ebbe breit und fein ist. An der Abbruchkante der Strandes an der Flutlinie und den freigespülten Palmenwurzeln erkennt man hier leider deutlich die Folgen der Erosion. Bei Flut muß man daher auf die dauerhaften Strandflächen an der Südwestecke oder vielleicht einfach auf die persönliche Hängematte ausweichen.

Tauchen und Schnorcheln am Hausriff sind sehr beliebt und geschehen auf der Windschattenseite der Insel. Das Riff fällt dort stufenweise zunächst auf fünf, dann auf zwölf und dann auf rund zwanzig Meter ab. Auf dieser Tiefe liegt ein gerne erforschtes Schiffswrack, das von riesigen Fischschwärmen und einem großen Napoleonlippfisch bewohnt wird.

Ferienanlage *tel*: 441948 *fax*: 443884
email: tajcr@dhivehinet.net.mv

Dose Bier	$4.00	Halbtags-Inselhüpfen:	incl.
Lime juice:	$3.00	Fischen bei Sonnenuntergang:	incl.
Mineralwasser:	$3.00		

Tauchzentrum Blue in

Ein Tauchgang, gesamte Ausrüstung:	$60
Sechs Tauchgänge, gesamte Ausrüstung:	$300
Zertifizierter Tauchkurs:	$500

Tari Village

Flug.......n/a
Schnellboot.....30 Min.
Dhoni.......90 Min.

Nordmalé Atoll

Tari Village hat einen geschickten Zug gemacht, indem es seinem Namen den Begriff "Sporting" hinzugefügt und sein Programm seitdem genau darauf ausrichtet hat.

Es kann sich mit keinem der palmenumsäumten Traumstrand-Resorts auch nur annähernd messen, aber als reines Tauch- und Surfresort, gibt es kaum ein besseres. Die schnell aufkommende Kameradschaft unter Gleichgesinnten trägt ihr übriges zu einem wunderbaren Urlaub bei. Die Brandung ist während des Südwestmonsuns – und damit in der Nebensaison - am besten. Dank der Form des Riffes folgen die perfekt geformten Wellen dicht aufeinander. "Pasta Point" gilt als absolute Weltklasse und liegt nur zwanzig Meter von "CoBar" entfernt.

Auch das Tauchen ist in dieser Region gilt als ausgezeichnet. Die geschützte Unterwasserwelt des wenige Minuten entfernt liegenden "HP"-Riffs ist dabei nur ein Höhepunkt der etwa dreißig Tauchgründe

Relativer Preis: 10

6 Zimmerdichte zu Inselgröße:

in der Nähe. Tauchgänge am "Außenrand" und in der Kanalmündung bieten die Möglichkeit den seltenen Walhai zu sichten.

Lediglich zwei Reiseveranstalter bringen Gäste hierher: "Atoll Travel" (geleitet von der lokalen Legende Tony Hinde) sorgt für die Surfer und "Sun Travel" aus Malé für alle anderen. Die Gäste sind eine seltsame jedoch liebenswerte Mischung aus Australiern, Italienern und Japanern. Das Durchschnittsalter ist höher als auf anderen Inseln, und Familien sind höchst willkommen.

Die kleine Insel hat lediglich 24 überraschend große und gut ausgestattete Zimmer die sich über zwei Ebenen erstrecken. Im Obergeschoss steht ein großes Doppelbett und im Erdgeschoss ein weiteres Einzelbett. Jedes Zimmer verfügt über Warmwasser in der Dusche, eine (etwas schwächliche) Klimaanlage, Telefon und einen Kühlschrank.

Die Insel als solches ist nicht sonderlich attraktiv. Mit ihren unschönen Mauern, den offenen Flächen, der wilden Vegetation und den wenigen Stränden, sieht sie aus, als wären Gestaltungsmaßnahmen zwar begonnen, aber nie abgeschlossen worden. Der große kurvige Strand hat ziemlich groben Sand und die Lagune ist extrem seicht (was sie zwar nicht besser aber zumindest kindersicher macht).

Dar zentrale Bereich um die Bar, das Restaurant und den Fischteich herum ist dagegen sehr angenehm: Ein gepflegtes, attraktives Plätzchen im Schatten hoher Kokospalmen. Die Bar ist gut gefüllt, das Restaurant serviert gutes Essen (durchweg Buffets) und das Personal, wie auch die typischen Gäste sind sehr freundlich.

Das Resort ist zwar insgesamt sehr einfach, bietet aber ideale Bedingungen für einen preiswerten Tauch- oder Surfurlaub, nicht weit vom Flughafen.

Ferienanlage *tel:* 440013 *fax:* 440012
email: tari@tarivillage.com.mv

Dose Bier	$3.30	Halbtags-Inselhüpfen:	$20
Lime juice:	$3.30	Fischen bei Sonnenuntergang:	$10
Mineralwasser:	$3.30		

Tauchzentrum Albatros Top Diving

Ein Tauchgang, gesamte Ausrüstung:	$42
Sechs Tauchgänge, gesamte Ausrüstung:	$258
Zertifizierter Tauchkurs:	$420

Thudufushi

Flug.......25 Min.
Schnellboot.......n/a
Dhoni.......n/a

Ari Atoll, westlich

Thudufushi wird während der Hauptsaison in erster Linie von Italienern und während der Nebensaison hauptsächlich von Briten besucht. Das ganze Jahr hindurch ist die Insel sehr preiswert und ein Ort, an den die Gäste gerne zurückkehren.

Auch dies Resort gehört zu der wachsenden Anzahl von "all-inclusive" Inseln wobei nur wenige davon wirklich preiswert sind. Der besondere Aspekt auf Thudufushi ist der durchweg hohe Standard, den man ohne die Gedanken an zusätzliche Kosten genießen kann.

Außer Whisky und Champagner sind alle Getränke im Reisepreis enthalten; Ebenfalls inbegriffen sind ein Picknick, Inselhüpfen und Angeln bei Sonnenuntergang. Bei den sportlichen Aktivitäten wird nur "Motorsport", also Wasserski oder Sportfischen zusätzlich berechnet. Schnorchelausrüstung, Katamarane, Windsurfer und Kanus wiederum sind kostenlos.

Trotzdem ist die gesamte Ausrüstung - wie auch alles andere auf der Insel - in perfektem Zustand: Das Maß an Instandhaltung und Modernisierung ist so hoch wie in keinem anderen Resort, und selbst nach acht Jahren sieht es hier noch immer aus, als wäre erst vor einem Monat eröffnet worden. Es gibt ein echtes Sportfischerboot (nicht nur einen Umbau), und die signierten Angelruten entsprechen den Spezifikationen von "Franco Rosso" . Die Geräte der Tauchschule sind auf dem neuesten Stand.

Nur sehr wenige Gäste tauchen hier, und so wird man sehr persönlich betreut und taucht in kleinen Gruppen. Da nur zwei weitere Resorts im gesamten mittleren Atoll liegen, hat man die Tauchgründe stets für

sich allein. Zwei der besten Tauchstellen, Panettone und Thudufushi-Thila, liegen gleich nebenan.

Da das Riff an zwei Dritteln der Insel ganz nah entlang läuft und die Korallen bis an den Strand herankommen, ist das Schnorcheln fantastisch. Der feine, breite Sandstrand ringsherum ist mindestens ebenso gut, wobei zur Verhinderung von Erosion aber leider eine Lagunenmauer um etwa ein Fünftel der Insel gebaut werden mußte.

Haben italienische Resorts ohnehin meist schon eine sehr gute Küche, so sticht Thudufushi - besonders in der Hauptsaison – noch einmal hervor. Der Abwechslungsreichtum und die Qualität des Essens werden nur von sehr wenigen Anderen übertroffen, denn ein Abendbuffet kann hier durchaus solche Delikatessen wie Oktopus, Ente, Spanferkel und Räucherlachs enthalten. Dazu wird eine Auswahl von etwa zehn Weinen - einschließlich eines italienischen Sekts – angeboten.

Es ist schwierig etwas an Thudufushi auszusetzen: manch einer beklagt, daß die Gebäude zu förmlich oder gar unpassend für die Umgebung sind, da man hier weder Strohdächer noch geweißte Korallenwände oder Sandböden findet. Andererseits wiederum gefällt es den Gästen wegen des kostenlosen Friseurs, des kostenlosen Schönheitssalons und der schicken Boutique im Rezeptionsgebäude.

Das Thudufushi und seine Schwesterinsel, Athuruga, zudem sichtlich gut gemanaged sind, beweist eine der höchsten "Rückkehrraten" des Landes!

Relativer Preis: 6

8 Zimmerdichte zu Inselgröße:

Ferienanlage *tel:* 450597 *fax:* 450515
email: thuadmin@dhivehinet.net.mv

Dose Bier	incl.	Halbtags-Inselhüpfen:	$15
Lime juice:	incl.	Fischen bei Sonnenuntergang:	$15
Mineralwasser:	incl.		

Tauchzentrum The Crab

Ein Tauchgang, gesamte Ausrüstung:	$55
Sechs Tauchgänge, gesamte Ausrüstung:	$300
Zertifizierter Tauchkurs:	$480

Flug.......n/a
Schnellboot.....25 Min.
Dhoni.......70 Min.

THULHAGIRI

Nordmalé Atoll

THULAGIRI IST EIN GUTES RESORT, UNWEIT VOM

Flughafen und der Hauptstadt Malé gelegen. Hübsch und sauber, wenn auch nicht besonders imposant, bietet es eine attraktive Umgebung. Die Atmosphäre ist ruhig und ungezwungen und das Personal ausgesprochen freundlich.

Obwohl es ein recht kleines Resort ist, wirkt es aufgrund seiner lockeren Bauweise größer. Nachdem ein sandiger Weg Sie vom Anlegesteg hereingeführt hat, überläßt man es Ihnen, sich Ihre eigenen bevorzugten Wege auf der Insel zu suchen. Die Zimmer sind ungleichmäßig über die Insel verteilt, und unter dem Dach der vielen hohen Kokospalmen, wähnt man sich eher in einem kleinen Dorf. Zahme Wellensittiche, die sich auf der Insel vermehrt haben, ergänzen das Bild.

Das Zentrum dieses "Dorfes" bilden Bar und Lounge, die mit dem Restaurant verbunden sind. Ihr hohes, strohgedecktes Dach reicht weit über die offenen Seiten und eine weiße gebogene Mauer herunter. Esist hübsch und zwanglos, mit bequemen Stühlen auf dem Sandfußboden und freundlichem Barpersonal. Hier trifft man sich um die Abende zu verbringen oder einen Drink vor den Mahlzeiten einzunehmen.

Das Essen ist der Stolz des Resorts. Ganz offensichtlich wird eine Menge Geld für Zutaten und die Köche ausgegeben. Thulagiri ist bekannt für seine großartigen Buffets, und mit drei Buffets am Tag werden Sie sich zurückhalten, oder mehr von den angebotenen Gymnastikmöglichkeiten Gebrauch machen müssen. (Übernachtung mit Frühstück und Halbpension, wie auch Vollpension oder sogar nur Übernachtung werden ebenfalls angeboten.)

Das Wassersportzentrum diese sehr aktiven Resorts ist gut ausgerüstet und viel genutzt. Da es im Inneren des Atolls liegt und fast ständig Wind herrscht, ist es besonders für Windsurfingunterricht geeignet. Wasserski, Katamarane, Bananaboats und entsprechende Kurse runden das Angebot ab.

Die Tauchschule ist ein fünf Sterne PADI Zentrum und - obwohl recht klein - gut geführt und meist ausgelastet. Die vielen Tauchgründe im Süden und Osten des Atolls sind leicht zu erreichen. Am Hausriff sind die Bedingungen sehr unterschiedlich: teilweise findet man keine Korallen mehr während an anderen Stellen zumindest passables Schnorcheln möglich ist. Die Lagune selbst ist sehr flach, aber diverse kleine Korallenformationen beherbergen genug bunte Fische, um Anfänger zu erfreuen. Zusätzlich werden Schnochelausflüge zu den Riffen in der Nähe organisiert

Ebenso unterschiedlich sind auch die Strände: Wo es einen gibt, ist er riesig, sauber und feinkörnig, und, mit seiner sanft abfallenden Lagune mit Sandboden, geradezu perfekt (leider kaum Schatten). Bei rund einem Drittel der Insel trennt eine niedrige, nicht unbedingt häßliche Korallenmauer den Strand vom Meer. In diesen Bereichen gelangt man über zwei kleine Stufen zum Wasser hinab.

Alle 58 Zimmer sind gleich. Sie haben eine ordentliche Größe und sind mit Batiken und dicht gewobenen Palmenmatten geschmackvoll dekoriert. Alle verfügen über Klimaanlage, Minibar und Telefon. Die Ausstattung im Bad ist gut, wobei besonders die Dusche auffällt: modern, starker Wasserstrahl und sofort und reichlich heißes Wasser.

Deutsche machen die Hälfte der Gäste aus, die anderen sind eine Mischung von Europäern, Australiern und Japanern.

Ferienanlage *tel*: 445930 *fax*: 445939
email: reserve@thulaagiri.com.mv

Dose Bier	$3.63	Halbtags- Inselhüpfen: (Schnellboot)	$95
Lime juice:	$3.85	Fischen bei Sonnenuntergang:	$18
Mineralwasser:	$3.85		

Tauchzentrum Tropical Gangstars

Ein Tauchgang, gesamte Ausrüstung:	$46
Sechs Tauchgänge, gesamte Ausrüstung:	$276
Zertifizierter Tauchkurs:	$420

Relativer Preis:

8

9

Zimmerdichte zu Inselgröße:

Vadoo

Flug.......n/a
Schnellboot.....20 Min.
Dhoni.......55 Min.

Südmalé Atoll

Vadoo ist ein kleines exklusives Resort, das im letzten Jahr renoviert wurde, um auch höchsten Ansprüchen zu genügen. Es ist ein ruhiger, freundlicher Ort. Überall findet man ein Lächeln und die Atmosphäre ist warm und einladend. Der Ton wird durch die japanischen Gästen bestimmt, die etwa fünfzig bis siebzig Prozent aller Gäste ausmachen. Ebenso bestimmen die Taucher den Tagesablauf, denn etwa dieselbe Prozentzahl geht täglich tauchen.

"Vadoo Diving Paradise" ist der vollständige Name, und das nicht zu unrecht. Die Insel liegt perfekt, um sowohl die nahegelegenen hervorragenden Tauchgründen des Süd Malé Atolls, als auch die im südlichen Teil des Nord Malé Atolls gelegenen Gebiete, zu erreichen. Ein weiterer Spitzenplatz liegt etwas südlicher um Guraidhoo. Um dort tauchen zu können, wird regelmäßig ein Tagesausflug mit Mittagessen organisiert.

Von den fünfzehn Unterwasserschutzgebieten des Landes liegen fünf in unmittelbarer Nähe des Resorts, zwei weitere (einschließlich Guraidhoo) sind mit Tagestouren erreichbar. Diese geschützten "Marine Parks" sind

Relativer Preis:

5

9

Zimmerdichte zu Inselgröße:

schlichtweg phantastisch und ermöglichen das beste Tauchen in den Malediven überhaupt. Plätze wie der "Shark Point" und das Wrack der "Victory" im Nord Malé Atoll oder "Embudu Canyon" und "The Cathedral" in Süd Malé Atoll sind legendär.

Dann ist da noch das Hausriff: Direkt vor der Küste liegt eine Steilwand. Schwimmt man nordwärts, passiert man eine sandige Bucht, die vor bunten Korallen- und Riffischen nur so wimmelt. Innen, am nördliche Rand spielen Moränen, Schnapper und Zackenbarsche während außen (im Vadho Channel) Haie und Trevallys patrouillieren. Am Anlegesteg werden regelmäßig Delphine gesichtet.

Da Tauchen hier der Schwerpunkt ist, gibt es keine organisierte Abendunterhaltung. Eine abendliche Bootsfahrt nach Laguna Beach wird zwar organisiert, muß aber, wie auch für die anderen möglichen Ausflüge wie etwa ein Ausflug nach Malé, Inselhüpfen, der Besuch einer einheimischen Insel, oder eine Fahrt im Glasbodenboot, gezielt nachgefragt werden. Grundsätzlich geht man im Resort früh zu Bett um fit für den nächsten Tag zu sein.

Vielleicht liegt *das* aber auch daran, daß die Zimmer so komfortabel (oder so viele in den Flitterwochen) sind. Früher gab es drei zweigeschossige Blöcke mit je acht Zimmern, die aber inzwischen abgerissen wurden. An deren Stelle hat man nun zwei Blöcke und acht Einzelbungalows errichtet. Die neuen Zimmer wurden mit Marmor und Nadelholz veredelt und man hat keine Kosten und Mühen gescheut, um das Resort in die Liga der Spitzenresorts einzureihen: so wurde z.B. die gesamte Toilettenausstattung direkt aus Japan importiert.

Trotz der modernen Einrichtung hat jeder Bungalow und jeder Block ein Strohdach um mit der Umgebung zu harmonieren. Dasselbe gilt für die sieben Wasserbungalows (zwei davon sind Suiten mit zwei Schlafzimmern). Diese geräumigen, mit Teppichboden ausgelegten Bungalows haben- neben höchstem Standard – z.B. einen Glastisch, dessen Platte abgenommen werden kann, um die Fische darunter füttern zu können und eine eigene Veranda mit Stufen in die Lagune hinunter. Und was für eine Lagune: vom Ende der Stufen bis hinaus zum Riffrand befindet sich ein wahrhaft unbeschreiblicher Korallengarten!

Es gibt zwei Bars/Lounges zur Entspannung tagsüber. Eine im Rondell über dem Wasser, von der man den Sonnenauf- und untergang beobachten kann und eine nagelneue am Strand, für lange entspannte Abende. Das Restaurant wurde ebenfalls komplett renoviert. Das Essen ist eine Mischung aus japanischer und westlicher Küche sowie einheimischen Currys.

Dieses Resort ist unzweifelhaft Spitzenklasse. Wenn Sie nicht allergisch gegen kleine Orte sind (man braucht nur 6 Minuten, um die Insel einmal zu umrunden), nicht jeden Abend tanzen gehen wollen und nicht „eurozentrisch" sind, dann muss es Ihnen hier einfach gefallen.

Ferienanlage *tel:* 443976 *fax:* 443397
email: vadoo@dhivehinet.net.mv

Dose Bier	$3.75	Halbtags-Inselhüpfen:	$18
Lime juice:	$3.28	Fischen bei Sonnenuntergang:	$24
Mineralwasser:	$4.12		

Tauchzentrum Vadoo

Ein Tauchgang, gesamte Ausrüstung:	$55
Fünf Tauchgänge, gesamte Ausrüstung:	$225
Zertifizierter Tauchkurs:	$525

Vakarufalhi

Flug.......24 Min. + 30 Min. Dhoni
Schnellboot.......120 Min.
Dhoni.......n/a

Ari Atoll, südöstlich

Vakarufalhi ist ein hübsch gestaltetes Resort:

klein, rund und ein perfekter Strand und ein gutes Riff säumen die Insel. Da es erst vor ein paar Jahren eröffnet wurde, sind die Gebäude und die Einrichtung so gut wie neu. Komfort und Schönheit sind Ihnen hier sicher, aber es wird noch eine Weile dauern, bis sich ein eigener Charakter entwickelt hat.

Der einzige Makel dieser sonst idealen Umgebung, ist eine niedrige Mauer, die wegen einsetzender Erosion in die Lagune gebaut werden mußte. Der größte Teil der Lagune ist flach, klar und sandig und der Riffrand ist nicht weit entfernt. Ob Sie also lieber schwimmen, sonnenbaden oder am Hausriff schnorcheln: alles liegt direkt vor ihrer Nase. Lediglich Windsurfing und Katamaransegeln ist hier nur bei Flut möglich. Zu anderen Zeiten müssen Sie damit auf die offene See hinaus

Da das Hausriff am Rand des beliebtesten Tauchchannels des Atolls liegt, sind sowohl Tauchen als auch Schnorchlen ganz ausgezeichnet. Überraschend ist nur, das die Tauchbasis trotz kleiner Tauchgruppen und guter Betreuung, selten ausgelastet ist, und daher teilweise nur einen "boat dive" pro Tag anbieten kann. Noch ist die Insel wohl nicht das Richtige für den leidenschaftlichen Taucher, aber ihre Lage ist gut und so kann sich auch das schnell ändern.

Fünfzig fast identische Zimmer stehen den Gästen zur Verfügung. Zwölf davon sind immer paarweise verbunden (Familienzimmer), weitere 38 sind Einzelbungalows. Sie sind angenehm geräumig, geschmackvoll eingerichtet, und durchweg in neuwertigem Zustand. Mir ihren strohgedeckten Dächern fügen sie sich ganz hervorragend in die Umgebung ein. Klimaanlage und heißes (Süß)wasser wie auch Fön und Kühlschrank

Relativer Preis:

6

7

Zimmerdichte zu Inselgröße:

(leer) sind Standard. Das ebenfalls gut ausgestattete „Gifilli"-Bad rundet den positiven Gesamteindruck ab.

Obwohl die Insel relativ viele Kokospalmen hat, sieht es an manchen Stellen noch immer recht ungepflegt aus. Der Grund dafür ist, daß die angepflanzten Büsche und Sträucher noch nicht ausreichend verwurzelt sind und nur langsam wachsen. Ein echter Wermutstropfen ist der dezente, aber nicht überhörbare Lärm der Generatorstation und der Entsalzungsanlage in der Mitte dieser kleinen Insel.

Die Gebäude von Rezeption, Bar und Restaurant haben ebenfalls Strohdächer und sind in einer Komposition aus warmen Brauntönen und Koralle eingerichtet und dekoriert. Im runden Hauptrestaurant zaubert ein deutscher Koch eine große Auswahl an Buffets. Vier Abendessen sind à la Carte, eines ist ein Menü, und zwei werden als westliches bzw. maledivisches Buffet serviert. Das Essen ist immer gut und reichlich, obwohl die italienischen Gäste gelegentlich mehr Gerichte aus ihrer Heimat verlangen.

Ungewöhnlich ist, daß man während der Essenszeiten kaum Gelächter und Gespräche hört und auch Abende an der Bar eher ruhig verlaufen. Man scheint hier immer noch nicht die richtige Mischung von Gästen gefunden zu haben, die dem Ort die entsprechende Stimmung verleihen. Derzeit sind ungefähr die Hälfte der Gäste Deutsche und Schweizer, während die Italiener und Engländer zu etwa gleichen Teilen den Rest stellen.

Vakarufalhi hat alle Naturschönheiten einer klassischen Koralleninsel: Ein schönes Riff in der Nähe, ein breiter Strand, hohe Palmen und attraktiv gebaute und gut eingerichtet Zimmer. Der individuelle Charakter der einen Ort erst unvergeßlich macht, wird sicherlich mit der Zeit noch reifen.

Ferienanlage *tel:* 450004 *fax:* 450007
email: vakaru@dhivehinet.net.mv

Dose Bier	$3.50	Halbtags-Inselhüpfen:	$15
Lime juice:	$2.50	Fischen bei Sonnenuntergang:	$10
Mineralwasser:	$2.50		

Tauchzentrum Pro Divers

Ein Tauchgang, gesamte Ausrüstung:	$49
Fünf Tauchgänge, gesamte Ausrüstung:	$235
Zertifizierter Tauchkurs:	$548

Velavaru

Flug.......40 Min.
Schnellboot.....n/a
Dhoni.......n/a

Dhaalu Atoll

Abgelegen und friedlich, wunderhübsch gebaut und

sensibel geführt. Ausgezeichnetes Essen auf der einen Seite aber fehlendes Hausriff und damit Schnorchelmöglichketen auf der anderen Seite, ergeben die Essenz von Velavaru.

Seit Generationen besteht eine Verbindung zwischen den Meeresschildkröten ("Velaa" auf Dhivehi) und dieser Insel und auch noch während der Bauphase des Resorts wurden viele Schildkröten gesichtet. Heute sind die meisten von ihnen verschwunden. Für die, die zur Eierablage zurückkommen hat man Pläne zum Schutz entwickelt. Als Ehrung und Anerkennung wurden alle Dächer im Resort in der Form eines Schildkrötenpanzers gebaut.

Das auffälligste Schildkrötendach gehört zur Tauchstation das es damit zum bestaussehendsten Tauchzentrum im ganzen Land macht. Ocean Pro leitet es bewundernswert. Legen Sie einfach Ihre Ausrüstung in einen Korb und überlassen Sie den Rest der Mannschaft. Die Tauchgänge selbst finden in den nahen Kanälen und an den lokalen Thilas statt. Die Strömung kann dort zwar stark sein, aber je stärker sie ist, desto größer ist die Chance, große Fische anzutreffen. Haie und Rochen sind hier überall verbreitet und erfreulicherweise auch lebende Korallen. Mit nur einem weiteren Resort (Vilu Reef) auf, und einem Resort (Filitheyo) im Norden des Atolls, sind die hiesigen Tauchplätze ziemlich unberührt. Jürgen, der Leiter der Tauchstation erzählte, daß einmal sogar ein blauer Marlin direkt neben dem Tauchdhoni aus dem Wasser gesprungen sei. Vielleicht wußte dieser ja, daß das Management – trotz des vorhandenen Angel-Sportbootes - eine strikte "fang und wirf zurück" Politik betreibt und daher nicht einmal für die küche große Fische Kauft.

Das Hausriff, dessen Korallen bei Ebbe sogar aus dem Wasser herausragen, liegt weit draußen und ist nicht über Knäle zugänglich gemacht worden. Um dieses Manko auszugleichen, werden täglich zwei kostenlose Bootsfahrten zu einem der umliegenden Tauchgründe veranstaltet.

Der meist breite und weiche Strand ist sehr gut, und dieser Eindruck wird nur an der

Relativer Preis:

6

8

Zimmerdichte zu Inselgröße:

Stelle getrübt, an der man der Erosion mit aus der Lagune gepumpten Sand begegnet. Nicht jedes Zimmer hat direkten Zugang zum Strand, aber diejenigen, die weiter entfernt stehen, werden grundsätzlich erst als letztes belegt. Als absehbar wurde, daß die Insel zu voll werden würde, traf das Management - um die Atmosphäre zu erhalten - die denkwürdige Entscheidung, nicht alles was ursprünglich geplant war auch zu bauen. Wer die Insel einmal etwas länger verlassen möchte, kann an der Tagestour zu einer etwas 40 Bootsminuten entfernten einsamen Insel teilnehmen; diese ist mit Ihrem Strand, so fein und weiß wie Puderzucker einfach unbeschreiblich!

Es herrscht eine friedliche, ruhige und gleichsam komfortable Atmosphäre im Resort, und auch ein Abendprogramm sucht man vergeblich. Lediglich der italienische Reiseveranstalter organisiert für die etwa 20% italienischen Gäste ein gesondertes Unterhaltungsprogramm nach dem Essen. Der überwiegende Teil der Gäste kommt aus Deutschland; etwa zehn Prozent sind Briten.

Das Essen ist außergewöhnlich. Viele Resort-Büffets sind leicht vorhersehbar, diese hier jedoch nicht: Der Koch überrascht die Gäste – die hier übrigens grundsätzlich Vollpension haben - immer wieder mit Spezialitäten wie gebratenem Fisch in einer Krabben-Buttersauce, Pasta mit Kichererbsen oder auch Entenroulade in Orangensauce.

Ferienanlage *tel*: 460028 *fax*: 460029
email: info@velavaru.com.mv

Dose Bier	$2.75	Halbtags-Inselhüpfen:	$20
Lime juice:	$4.00	Fischen bei Sonnenuntergang:	$10
Mineralwasser:	$3.50		

Tauchzentrum Ocean Pro

Ein Tauchgang, gesamte Ausrüstung:	$44
Fünf Tauchgänge, gesamte Ausrüstung:	$220
Zertifizierter Tauchkurs:	$480

VELIDHOO

Flug.......25 Min.
Schnellboot.....90 Min.
Dhoni.......330 Min.

Nordmalé Atoll

VELIDHOO HAT SICH SEIT DEM WECHSEL DES BESITZERS,

und dem Einsatz eines neuen Managements aus Sri Lanka, deutlich verbessert. Fairerweise muß man aber sagen, daß noch immer ein Stück fehlt, bevor es an den Standard der meisten modernen maledivischen Resorts heranreichen wird.

Die Insel an sich hat eine gute, mittlere Größe, verfügt aber nur über wenige Palmen und andere Vegetation, so daß es alles etwas seltsam "zum Himmel offen" aussieht. Den größten Teil des Inselinneren und der Bereiche hinter den Stränden könnte man als naturbelassen – oder aber auch als rauh und ungepflegt - bezeichnen. Man verläuft sich auf einem Wirrwarr von Pfaden, die sich überall teilen und irgendwohin verschwinden. Für manchen vielleicht eine willkommene Abwechslung zum organisierten Leben daheim, besteht doch kein Zweifel daran, daß man hier aufräumen und Ordnung hineinbringen muß.

Das gilt auch für die Strände, an denen man überall alte, zusammengefallenen Buhnen, Pfosten, Rohre und Stricke findet. Die Westseite hat sehr unter der Erosion gelitten und an der Nordseite verlaufen sowohl eine äußere Mauer, als auch lange Buhnen den ganzen Strand entlang. Die wenigen guten Strände der Insel liegen auf der Südseite, in der Nähe des Hauptanlegesteges und der Bar sowie an der Südwestecke.

Die große geschützte Lagune ist besonders für Wassersport geeignet. Katamarane, Kanus, Windsurfen, Wasserski und Parasailing werden angeboten.

Die Verteilung der 80 Zimmer verdeutlicht einmal mehr das völlig planlose Layout der Insel. Zuerst baute man dreißig Bungalows, dann kamen weitere dreißig hinzu und dann noch einmal zwanzig. Weitere zwanzig (Wasser)Bungalows an der Südseite sind in Planung. Alle Räume sind durchweg solide gebaut und verfügen über eine ordentliche Ausstattung. Einige davon sind am Strand, die meisten stehen jedoch hintereinander und etwas weiter zurückversetzt. Manche davon nahe beieinander, während andere wiederum mehr oder weniger allein stehen.

An der Südseite kann man am besten schnorcheln. Von hier zieht sich das relativ gute Riff weit nach draußen und auch die

SPASS, SICHERHEIT, ABENTEUER

Maldivian Air Taxi

Wir fliegen

Relativer Preis: 8

Zimmerdichte zu Inselgröße: 5

Tauchschule organisiert Bootsfahrten dorthin. Da die Insel in der Mitte des Nordteils des Atolls liegt, sind die Tauchgründe im Westen und Osten, wie auch der Hammerhai Platz im Rasdhoo Atoll gut erreichbar. Die Tauchschule war und ist ein Grund, seinen Urlaub hier zu verbringen! Sie wird von freundlichen Deutschen geleitet, die sich wirklich für ihre Kunden einsetzen und die entspannte, doch professionelle Atmosphäre macht die Taucherlebnisse vergnüglich und sicher.

Der Bereich um Rezeption, Bar und Restaurant unterscheidet sich vom Rest der Insel. Hier ist der Garten sorgfältig angelegt und gepflegt. Die Gebäude sind nicht gerade großartig aber auch nicht zu rustikal. Auffällig sind hier die mit Kokosschnüren zusammengebundenen Holzsäulen: Sie wirken wie eine Mischung aus maritimem Chic und dem Notbehelf auf einer einsamen Insel. Das Essen im Restaurant ist OK. Es gibt eine Mischung aus Menüs, Buffets und "Specials" wie Strandbarbecue oder "seafood nights". Die Bar ist riesig, die Musik laut, und die Terasse reicht bis auf den Strand hinaus, an dem die Barbecues stattfinden.

Velidhoo ist schon immer ein guter Platz zum Tauchen gewesen. Jetzt wird endlich auch das Resort verbessert. Obwohl es nicht besonders elegant ist und noch viel zu tun bleibt, so sind die ersten Erfolge doch schon sichtbar.

Ferienanlage *tel*: 450595 *fax*: 450630
email: velidhu@dhivehinet.net.mv

Dose Bier	$2.50	Halbtags-Inselhüpfen:	$20
Lime juice:	$4.40	Fischen bei Sonnenuntergang:	$18
Mineralwasser:	$2.75		

Tauchzentrum Euro Divers

Ein Tauchgang, gesamte Ausrüstung:	$51
Fünf Tauchgänge, gesamte Ausrüstung:	$224
Zertifizierter Tauchkurs: ab	$357

VELIGANDU

Flug.....20 Min.
Schnellboot ..n/a
Dhoni.....n/a

Rasdhoo Atoll

AUF VELIGANDU BEKOMMEN SIE EINE MENGE STRAND FÜR Ihr Geld geboten. Das überrascht nicht, wenn man herausfindet, daß Veligandu 'Sandbank' heißt.

Das auffälligste Merkmal der Insel ist ihre lange, L-förmige Sandzunge, die sich in die Lagune hinein erstreckt. Ein Traum für jeden Sonnen-anbeter! Es gibt dort immer Sonne und das Wasser ist auf beiden Seiten nur ein paar Meter entfernt.

Der Strand entlang der gesamten Westseite wächst von Jahr zu Jahr. Mittlerweile sind die beiden Wasserbungalows auf dieser Seite – ehemals gut fünfzehn Meter vom Ufer entfernt – "gestrandet". Posititv gesehen, sind es nun die einzigen Wasserbungalows des Landes, die einen eigenen Strand haben!

Auf der Ostseite ist der Strand zwar ebenfalls herrlich, aber von großen Buhnen und einer Lagunenmauer geschützt. Und auch hier tritt man von zwei der vier Wasserbungalows auf Sand.

Da dies eigentlich eine Sandbank ist, gibt es weder viele noch große Bäume. Die Stärke dieser Insel ist ihre Atmosphäre. Es ist eine jener Inseln, auf der man seine Schuhe abstreift, und in einer wahrhaft ruhigen und lockeren Umgebung einfach *nichts* tut. Eine junges, einfühlsames Management und Personal, das seit der Eröffnung vor vierzehn Jahren fast gleich geblieben ist, kümmern sich um die Wünsche der Gäste. Das sagt viel über das Management aus und ist ein Grund, warum die Leute Jahr für Jahr zurückkommen.

Es gibt 63 Zimmer in drei Kategorien:

Relativer Preis:

8

9

Zimmerdichte zu Inselgröße:

Superior (45), Deluxe (8) und Wasserbungalows (10). Sie sind im Wesentlichen alle gleich und unterscheiden sich nur in der Größe und in Einzelheiten. Sie sind nichts wirklich Besonderes, aber alle sind hell und luftig, ordentlich und

sauber. Die Einrichtung der Zimmer liegt über dem Durchschnitt, und jedes Zimmer hat ein "Gifili" Bad. Alle verfügen über eine gefüllte Minibar, Fön und Telefon.

Der Empfang, Bar/Coffee-Shop/Sonnendeck und das Restaurant sind in einem kompakten Gebäude untergebracht, das nur mit natürlichen Materialien gebaut und dekoriert ist: Palmenblätter, Geflecht, Holz und Koralle und (natürlich) Sandboden. Arg gewöhnungsbedürftig ist allerdings die bonbonbunte Farbgebung in pink und babyblau, die überall im Resort zu finden ist. Nach ein paar Tagen auf einer Insel wie dieser, kann aber auch das nicht mehr das Gefühl von Ruhe und Erholung stören, das einen hier überkommt.

Das Essen ist sehr gut. Die Anzahl der verschiedenen Gerichte der Büffets ist nicht sehr groß aber die Qualität ist umso besser und der Koch aus Sri Lanka erfindet immer wieder neue interessante Überraschungen (z.B. Fischklößchen in Joghurt). Ein Zeichen dafür, wie man auf die Wünsche der Gäste eingeht, sind die drei Braunbrotspezialitäten, die täglich aus importiertem deutschen Mehl in der Bäckerei hergestellt werden.

Die Schweizer Firma Ocean Pro leitet die Tauchschule professionell und tüchtig. Es gibt eine stattliche Zahl von guten Tauchgründen rund um Rashdoo Atoll, aber das ganz Besondere hier ist der in der Nähe liegende und auf den Malediven einzigartige Hammerhai Tauchspot namens Madivaru. Schnorcheln am Hausriff ist ok. Nicht das beste und nicht das schlechteste.

Ein Empfangsangestellter sieht zu, daß die Unterhaltungsmöglichkeiten am Abend zahlreich und gut organisiert sind. Zusammengefaßt also ein Resort zum Entspannen, Sonnenbaden und Spaß haben, denn hier draußen am Rashdoo Atoll hat man wirklich das Gefühl fernab von allem zu sein.

Ferienanlage *tel:* 450594 *fax:* 450648
email: veli@dhivehinet.net.mv

Dose Bier	$3.10	Halbtags-Inselhüpfen:	$14
Lime juice:	$5.70	Fischen bei Sonnenuntergang:	$11
Mineralwasser:	$2.63		

Tauchzentrum Ocean Pro

Ein Tauchgang, gesamte Ausrüstung:	$44
Sechs Tauchgänge, gesamte Ausrüstung:	$264
Zertifizierter Tauchkurs:	$480

Flug.......n/a
Schnellboot.....45 Min.
Dhoni.......120 Min.

VELIGANDU HURAA

Südmalé Atoll

VELIGANDU HURAA IST DIE KLEINE, RUHIGE FIRST-Class Insel der drei miteinander verbundenen Resorts, die Palm Tree Islands bilden. Dhigufinolhu ist das junge, aktive und Bodu Huraa das total italienische. Auf einer vierten angegliederten Insel sind alle lauten Anlagen, wie der Tauchkompressor und die Generatoren untergebracht, so daß Veligandu außerordentlich ruhig und entspannend ist. Gleichzeitig hat man tagsüber wie auch abends Zugang zu allen Unterhaltungsmöglichkeiten auf Dhigufinolhu. Für diese Vielzahl an Möglichkeiten muß man nur leider in Kauf nehmen, daß der freie Blick auf den Horizont von diesen Resorts und ihrem hölzernen Verbindungssteg gestört wird.

Größere Renovierungsarbeiten Ende 2000 und eine ausgezeichnete neue Geschäftsleitung (dieselbe wie auf Dhigufinolhu) haben ein ohnehin schon sehr gutes Resort noch weiter verbessert. Alle Zimmer sind völlig renoviert worden. Es gibt jetzt achtzehn Deluxe Zimmer und fünf Junior Suiten. Sie sind alle angenehm eingerichtet und haben tolle Duschen. Die Suiten haben einen separaten Sitzbereich, eine erhabene Plattform für das Bett und ein extra großes Badezimmer. Sie sind nach Süden hin ausgerichtet und liegen direkt am Strand. Die von niedrigen Bäumen beschatteten Deluxe Zimmer liegen nur ein paar Schritte vom Strand entfernt auf der anderen Seite. Ein paar Deluxe Zimmer liegen auch im Inneren der Insel, wo es noch ruhiger ist und man auf wunderhübsch gepflegte tropische Blumen blickt.

Die Gärten sind hier wirklich außerordentlich. Schmale, weiße, sandige Pfade ziehen sich durch herrliche Blumen, Büsche und Gestrüpp. In der Mitte der Insel, unter einem fantastischen Hain ausgewachsener, sich himmelwärts reckender Palmen, liegt das Hauptrestaurant "al Fresco".

Die Mittagessen sind ein Menü mit drei Gängen, das Abendessen eines mit vier. Einmal pro Woche gibt es ein maledivisches Buffet. Die Küche, ohnehin von hohem

Relativer Preis:

6

4

Zimmerdichte zu Inselgröße:

Standard, wird kontinuierlich verbessert. Sollte das Tagesmenü einmal nicht nach Ihrem Geschmack sein, können Sie wahweise das asiatische Restaurant auf der Insel, oder das Buffet oder das Grillrestaurant auf Dhigufinolhu ausprobieren. Um fünf Uhr wird in der Bar/Lounge Tee und Kuchen zu sanftem Jazz und leichter Klassik kredenzt. Gerne verweilt man dort, um den Sonnenuntergang zu beobachten, der den Himmel über Dhigufinolhu wunderschön einfärbt.

Leider kann man um die Insel herum nicht schnorcheln, weil die Lagune so riesig und flach ist Aber als Entschädigung werden kostenlose Schnorchelausflüge veranstaltet bei denen sogar die Schnorchelausrüstung gratis genutzt werden kann. Mit dem Sand, den man in der Lagune ausgehoben hat um einen natürlichen "Swimming Pool" zu schaffen, hat man den guten Strand noch weiter verbessert.

Das Tauchen in den etwas südlich gelegenen Spitzentauchgründen ist exzellent. Sie haben dort die Möglichkeit sowohl die großen Meeresbewohner, als auch Schwärme kleiner bunter Fische und ein beeindruëkende Regeneration des Riffs beobachten zu können.

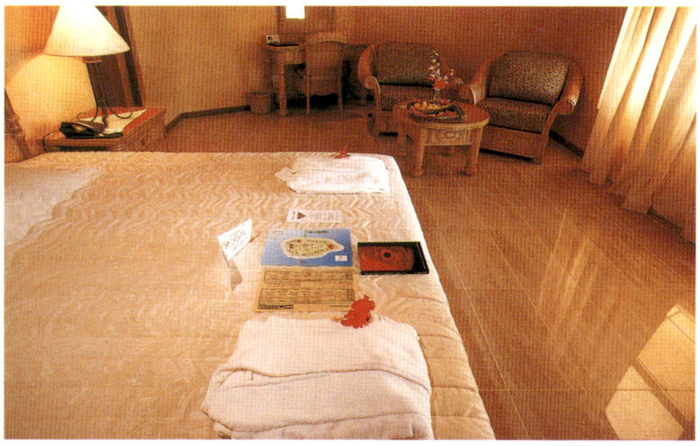

Wassersport, Ausflüge und Unterhaltung wird von Dhigufinolhu aus organisiert. Veligandu Huraa Gäste können davon nach belieben Gebrauch machen, was aber eher selten geschieht. Dies ist mehr der Ort für Leute, die nur entspannen, gut essen und sich verwöhnen lassen wollen. Ein Ort, an dem die einzigen Geräusche das Vogelgezwitscher und das Rauschen der Wellen sind.

Ferienanlage *tel:* 443882 *fax:* 440009 *email:* dhigu@palmtree.com.mv

Dose Bier	$3.75	Halbtags-Inselhüpfen:	$15
Lime juice:	$3.28	Fischen bei Sonnenuntergang:	$15
Mineralwasser:	$4.12		

Tauchzentrum Scuba Sub

Ein Tauchgang, gesamte Ausrüstung:	$65
Sechs Tauchgänge, gesamte Ausrüstung:	$312
Zertifizierter Tauchkurs:	$450

Vilamendhoo

Flug.......25 Min.
Schnellboot.....n/a
Dhoni.......n/a

Ari Atoll, südöstlich

VILAMENDHOO IST EINES DER RESORTS, DAS SICH IN den letzten paar Jahren ziemlich verändert hat. Es hat sich von der natürlichen Insel mit nur wenigen Einrichtungen und Massen von Tauchern wegbewegt und sich in ein Resort verwandelt, das viele Einrichtungen und Möglichkeiten hat und besonders viel für seinen Preis bietet.

Nach Westen, zum Sonnenuntergang und der riesigen Strandausbuchtung hin gelegen, dient die Strandbar sowohl als Coffee Shop als auch als Disco, einschließlich Billiard Tischen und Fitness Raum. Davor liegt ein akzeptabler Tennisplatz (Plastik-Gras).

Darüber hinaus sind Geräte für Volleyball, Tischtennis, Carom und Darts vorhanden.

Das Resort bietet auch ein abwechslungsreicheres Ausflugsangebot als die meisten anderen: Sieben verschiedene Resorts plus eine Anzahl von bewohnten und unbewohnten einheimischen Inseln. Ein beliebter Höhepunkt ist die einheimische Insel Dhangeti, die ein Kulturzentrum hat, wo Besucher die Ausübung alten Handwerks, wie Kokosschnur-Herstellung, Mattenweberei und traditionelles Kochen beobachten können.

Etwa die Hälfte der Gäste hier bucht jetzt all-inclusive, die andere Hälfte ist gleichmäßig in Halb- und Vollpension aufgeteilt. (Etwa eine Hälfte sind Engländer und die andere sind Deutsche, ein paar Italiener, Franzosen und Australier). All-inclusive bedeutet kostenlose Getränke bis Mitternacht (Cocktails sind nicht inbegriffen, kosten aber nur 5 US $), Tee und Snacks von 16.00 h bis 18.00h, einmal kostenloses Nachtfischen und einmal kostenloses Inselhüpfen. Es fällt auf, daß jetzt mehr ältere Leute und Kinder hier sind als früher (besonders während der Saison).

Das all-inclusive Paket scheint allen außer der Tauchschule zu Gute zu kommen. Auch hier fällt auf, daß die Zahl der Taucher insgesamt gesunken ist, obwohl die Zahl der Gäste, die einen ersten Tauchversuch machen, gestiegen ist. Ganz bestimmt ist die Qualität der Tauchgründe immer noch ausgezeichnet. Hier ist die bekannteste Tauchgegend im Ari Atoll. Beinahe alle Tauchgänge gehen zu Thilas, die mindestens zehn Meter unter der Oberfläche beginnen. Da diese Thilas in tiefliegenden, schnellfließenden Kanälen liegen, werden nicht nur große Fische angelockt, sondern viele Korallen haben das Ausbleichen überlebt und viele andere haben begonnen, sich zu erholen.

Das Hausriff ist gut zum Tauchen und Schnorcheln, aber die vier Durchgangswege und die zwei Bootsstege auf der Südseite

Relativer Preis:

9

7

Zimmerdichte zu Inselgröße:

beeinflussen die Strandlinie. Es gibt jetzt eine Reihe von Buhnen und versteckten Mauern. Die Kanalströmungen scheinen den ganzen Sand weg von der offenen See, und an die Spitze der Insel treiben zu wollen, an der die Strandbar liegt. Glücklicherweise nach Westen gerichtet, ist hier der ideale Ort für einen Cocktail bei Sonnenuntergang.

Die 10 Deluxe Zimmer sind an der Spitze der Insel gelegen, Um den Rest der Insel ziehen sich die 131 Superior Zimmer, 13 Standard Zimmer liegen im Innern. Zählt man dazu noch ein großes Gebiet für Dienstgebäude und Bepflanzung im Innern und die weitläufigen Gesellschaftsgebäude so ist die Insel ist so gut wie voll bebaut.

Die Gebäude auf der Insel, besonders die Strandbar/Coffee Shop sind nicht sehr attraktiv, aber die Inneneinrichtung der Zimmer und der Rezeption wurde mit neuen Möbeln, einschließlich hölzerner Liegen (statt der alten aus weißem Plastik) aufgewertet. Größere Anstrengungen gehen in Küche und Service, und so bekommt man alles in allem ein gutes Angebot zu einem sehr guten Preis. Nur jene von uns, die sich an die fast unberührte Umgebung früher erinnern......

Ferienanlage *tel:* 450637 *fax:* 450639
email: vilamndu@aaa.com.mv

Dose Bier	$3.30	Halbtags-Inselhüpfen:	$18
Lime juice:	$4.00	Fischen bei Sonnenuntergang:	$15
Mineralwasser:	$3.30		

Tauchzentrum Vilamendhoo

Ein Tauchgang, gesamte Ausrüstung:	$50
Sechs Tauchgänge, gesamte Ausrüstung:	$248
Zertifizierter Tauchkurs:	$480

Flug.......40 Min.
Schnellboot.....n/a
Dhoni.......n/a

Vilu Reef

Dhaalu Atoll

Von allen neuen Resorts ist Vilu Reef vielleicht am besten von der Natur bedacht worden. Auch Konzept und Design sind gut, aber man hat zu viele Zimmer auf engem Raum zusammengedrängt und die Bauqualität ist nicht die beste.

Unter einer idealen Resortlandschaft versteht man, daß das Hausriff in der Nähe der einen Seite liegt und der Strand mit einer geschützten Lagune auf der anderen, Palmen, die sich sanft über das Land wiegen und zum Wasser hinab neigen. Genau das findet hier, an der Nordostspitze des Dhaalu Atolls. Das Riff ist nicht nur in der Nähe, sondern fällt direkt in den nördlichsten Kanal des Atolls ab. Das bedeutet ausgezeichnetes Tauchen und Schnorcheln, birgt aber auch Gefahren, da starke Strömungen in und aus dem Atoll fließen. Sich dessen bewußt, prüft das Personal die Bedingungen regelmäßig und berät die Gäste dementsprechend. Schnorcheln allein kann Sie hier Aug in Aug mit Delphinen, grauen Riffhaien oder sogar Walhaien bringen. Als eines der nur zwei Resorts in diesem neuen Touristenatoll sind die Tauchgründe frisch und noch "gut bestückt".

Die Strandseite des Resorts mit ihrem wunderbar weichem und tiefen Sand, schaut in das ruhige Wasser der Lagune. Ideal für Wassersport ist das Center hier größer und aktiver als die meisten anderen. Die Seite mit dem Hausriff hat zwar auch etwas Strand, der aber weniger breit ist und an den Ecken etwas Erosion aufweist. Der Bootssteg ist auf der Lagunenseite, neben der Lounge und Hauptbar. Wie durch Zufall liegt sie in Richtung Westen und das Deck der maritim dekorierten Bar ist der perfekte Ort für den "Sundowner".

Das Rezeptionsgebäude ist eher funktionell. Es beherbergt ein Geschäft, den Fitnessraum, Tischtennisraum und das Restaurant. In der Bar steht der Pool Tisch (US $5 die Stunde). In der Mitte der Insel gibt es einen rauhen Tennisplatz, einen Badminton- und einen Volleyballplatz. Die Abende sind normalerweise ruhig; zum einen, weil es die meisten Gäste so lieben und zum anderen, weil es nicht so einfach ist, Live Shows den weiten Weg von Malé hierher zu bringen. Alle Mahlzeiten werden als Büffets serviert und sind, abgesehen von einer "maledivischen Nacht", die zweimal die Woche stattfindet, nichts außergewöhnliches. Der Coffee-Shop ist OK und rund um die Uhr geöffnet.

Die 68 Strandzimer sind sehr hübsch: Muschelförmig, mit guter Inneneinrichtung (die auch für ein Zustellbett Platz bietet) und zum Strand hin offen. Der begehbare Kleiderschrank ist ein ungewöhnliches aber praktisches Extra. Bei näherem Hinsehen entdeckt man allerdings eine Menge billiger, dünner Holzverkleidungen. Hastig erbaut ist die Wartung schon jetzt ein Problem.

Und mit etwas Pech hat man nicht einmal einen Blick aufs Meer. Die meisten Zimmer

Relativer Preis:

6

10

Zimmerdichte zu Inselgröße:

liegen zwar direkt am Strand, aber einige hat man sogar in "dritter Reihe" gebaut. Zusätzlich zu dieser Überfüllung gibt es noch 24 Gartenzimmer, die innerhalb des Wegs errichtet sind, der sich hinter den Strandzimmern entlang windet. Diese Zimmer erscheinen wohlbedacht nicht einmal in der Broschüre.

Deutschsprachige stellen etwa zwei Drittel der Gäste hier, Briten, Italiener, Franzosen und ein paar Japaner den Rest. Obwohl die geographische Lage der Insel ideal ist, sind die bauliche Qualität und gelegentlich auch der Service die Schwachpunkte. Der maledivische Betreiber allerdings hat einen Ruf von Integrität und Qualität, und ich bin deshalb sicher, das man schon an Verbesserungen arbeitet.

Ferienanlage *tel*: 460011 *fax*: 460022
email: info@vilureef.com.mv

Dose Bier	$2.75	Halbtags-Inselhüpfen:	$20
Lime juice:	$3.30	Fischen bei Sonnenuntergang:	$10
Mineralwasser:	$3.85		

Tauchzentrum Dive Explorer

Ein Tauchgang, gesamte Ausrüstung:	$44
Sechs Tauchgänge, gesamte Ausrüstung:	$220
Zertifizierter Tauchkurs:	$480

Villivaru

Flug.......n/a
Schnellboot.....60 Min.
Dhoni.......n/a

Südmalé Atoll

Villivaru ist die kleinere, ruhigere Version ihrer Schwesterinsel Biyadoo. Genau wie sie, hat diese sehr kinderfreundliche Insel viele Palmen, gute Strände und eine gute Lage (wie auch Einrichtungen) zum Tauchen.

Ebenfalls wie auf Biyadoo ist die überrall vorhandene üppige Vegetation nicht zugänglich, und die Gäste dürfen sich nur auf dem Pfad bewegen, der um die Insel herumläuft. Dafür sind alle Bungalows rund 10 bis 15 Meter vom Strand zurückversetzt und dazwischen ist ein wunderbarer, sandiger Bereich im Schatten hoher Palmen. Hier laden die überall verteilten Hängematten zum faulenzen ein. Gerade wegen des vielen Schattens und natürlich wegen des freundlichen Personals fühlen sich insbesondere Eltern mit Kindern sehr wohl hier (es gibt allerdings keine speziellen Einrichtungen für Kinder). Im Allgemeinen sind die Gäste hier etwas älter als im Durchschnitt und auch die Atmosphäre ist ruhiger.

Zwei zusätzliche Betten passen in die Zimmer und das Management stellt sie gerne zur Verfügung. Es gibt 60 gleiche Zimmer, angeordnet in sechs Blöcken zu je zehn. Sie sind nicht besonders stilvoll aber die Möbel, wie auch die sonstigen Einrichtungen sind gut. Neben Klimaanlage, Warm- und Kaltwasser und Minibar findet man auch so nüzliche Extras wie einen Wasserkocher oder einen elektrischen Moskitovertreiber. Anders als auf Biyadoo sind alle Räume ebenerdig, so daß man direkt auf den Sand heraustritt.

Vor jedem Zimmer liegt ein guter, feinsandiger Strand. An die einzige Stelle, an der der Strand nicht so gut ist, hat man klugerweise Empfang, Restaurant und Bar gebaut. Hier

Relativer Preis: 8

Zimmerdichte zu Inselgröße: 7

verbringt man die Abende - oft bis spät in die Nacht - in netter Geselligkeit, weshalb der Morgen meist langsam angegangen wird. Alle Gäste haben Vollpension. Frühstück und Mittagessen werden als Buffet, das Abendessen als Menü serviert. Bei jedem Abendessen gibt es eine Auswahl an Vorspeisen und ein Hauptgericht mit Fleisch, Fisch oder Huhn. Zusätzlich bereitet der Koch, der - wie auch die Eigentümer und Manager der Insel - Inder ist, immer wieder schmackhafte Spezialitätenbuffets.

Die in Form und Topographie recht unterschiedlichen Riffe von Villivaru und Biyadoo sind von mehreren Stellen der Insel erreichbar, was das Schnorcheln hier überaus beliebt macht. Anders als auf Biyadoo, wird dem Tauchen hier allerdings nicht ganz so viel Bedeutung beigemessen. Trotzdem ist das Tauchcenter vor Ort natürlich modern und komplett ausgestattet.

In nur wenigen Minuten kann man mit dem Dhoni die unmittelbar im Atoll gelegenen hervorragenden Tauchgründe von Guraidhoo und Kandooma erreichen. Unvergeßliche Taucherlebnisse sind hier garantiert, da diese zu den fünf besten der Malediven zählen.

Betrachtet man die Vielzahl von Möglichkeiten und die günstigen Nebenkosten für z.B. Getränke, so zählt es – wie natürlich auch Biyadoo - noch immer zu einem der preiswertesten Urlaubsparadiese.

Ferienanlage *tel*: 447070 *fax*: 447272 *email*: resvn@biyadoo.com.mv

Dose Bier	$2.00	Halbtags-Inselhüpfen:	$45
Lime juice:	$1.50	Fischen bei Sonnenuntergang:	$20
Mineralwasser:	$3.00		

Tauchzentrum Jürgen Schägger's

Ein Tauchgang, gesamte Ausrüstung:	$47
Zehn Tauchgänge, gesamte Ausrüstung:	$440
Zertifizierter Tauchkurs:	$462

MEDHUFUSHI

Flug.......40 Min.
Schnellboot.....n/a
Dhoni.......n/a

Meemu Atoll

MEDHUFUSHI IST EINES DER ALLERNEUSTEN RESORTS,

das noch nicht ganz fertiggestellt ist, aber es sieht aus, als ob sich das Warten lohnen würde. Im wesentlichen hat man ein ganz einfaches Konzept mit echtem Charakter und Stil umgesetzt

Die Insel ist lang und schmal, die Zimmer erstrecken sich an beiden Seiten entlang. An einem Ende sind der Service Bereich und am anderen die Wasserbungalows. Auf halber Höhe ist der öffentliche Bereich, einschließlich Wassersport und Tauchzentrum. An dieser Stelle in der Lagune befindet sich auch die Hauptbar.

Im ruhigeren Bereich der Bar füllt man die Anmeldungspapiere aus. Man geht nicht zur Rezeption und man braucht auch nicht zu wissen, wo sie ist. Wünsche anmelden und Buchungen vornehmen kann man vom Zimmer aus und zwar durch einen der Rezeptionsangestellten. Das ist ein kleiner Hinweis auf die aufmerksame Ungezwungenheit und das Maß an Service, das das Management bieten will.

Gleichsam gibt es hier auch kein Herumschleppen von Taucherausrüstung an einem heißen Nachmittag. Lassen Sie Ihre Tauchgeräte einfach in einen Korb fallen, und den Rest übernimmt das Tauchzentrum. Als eines der beiden einzigen Resorts in diesem Atoll, sind die Tauchgründe ziemlich unberührt und bis jetzt auch meist unbekannt. Mit nur einem Kanal in der Nähe sind erfahrene Malediventaucher vielleicht nicht zufrieden, aber verbunden mit großen überhängenden Riffvorsprüngen, geschützten Thilas, Strömungstauchen und einer Stelle mit Mantas gibt es genug, was alle anderen zufriedenstellen.

Leider ist das Schorcheln eine große Enttäuschung. Wie bei beinahe allen anderen neuen Resorts kann man nicht zum Riffrand schwimmen. Es ist zu weit und bei Ebbe zu flach, so daß man bestenfalls hinwaten kann. Am Ende der Bootsanlegestelle, wo die Lagune tiefer wird, gibt es einige Korallenansammlungen und Schnorcheln ist akzeptabel. Zum Ausgleich werden daher regelmäßige Schnorchelausflüge ein fester Bestandteil des Programms sein.

Die Strände sind ausgezeichnet: Lang, breit, weiß und außer von einen Bootssteg durch nichts unterbrochen. Nur ein winziger Hauch von grobem Sand verrät, daß Landgewinnung im Spiel war.

Mit umsichtiger Gartenpflege sorgt man dafür, daß die Gäste von jedem Zimmer aus die Lagune sehen können und trotzdem noch reichlich schattiges Grün vorhanden ist. Die Insel selbst verfügte bereits über einen sehr guten Palmenbestand, doch bis die angepflanzten Blumen und Büsche die gewünschte Dichte erreicht haben, werden wohl noch einige Jahre vergehen.

Die Zimmer sind von schlichter Eleganz. Den Fernseher und die Minibar hat man dezent in einem kleinen Schränkchen am Fußende des Himmelbetts plaziert. Der Raum an sich ist zwar nicht riesig, aber die Veranda um die Außenseite und das halboffene Bad sind großzügig ausgelegt worden. Außer den normalen Beach Villas gibt es auch noch Family Villas (insgesamt zwei) und Beach Villa Suiten. Die Wasserbungalows sind ebenfalls in drei Kategorien aufgeteilt: Normal, Suite und Flitterwochen Villa (zwei Häuser, ganz allein in der Lagune)

Ein auffälliger Unterschied zwischen den Kategorien ist unter anderem, ob die Zimmer die Morgen- oder die Abendsonne haben. Dieser Aspekt kann gerade für die Bewohner der Wasserbungalows wichtig sein, da sie nicht einfach auf die andere Seite herübergehen können.

Ferienanlage *tel:* 324933 *fax:* 324943
email: sale@aaa.com.mv

Dose Bier	$2.00	Halbtags-Inselhüpfen:	$45
Lime juice:	$1.50	Fischen bei Sonnenuntergang:	$20
Mineralwasser:	$3.00		

Tauchzentrum Werner Lau

Ein Tauchgang, gesamte Ausrüstung:	$47
Zehn Tauchgänge, gesamte Ausrüstung:	$440
Zertifizierter Tauchkurs:	$462

Flug.......30 Min.
Schnellboot.......n/a
Dhoni.......n/a

Royal Island

Baa Atoll

Relativer Preis: 4

Zimmerdichte zu Inselgröße: 7

Royal Island ist das fünfte Resort von "Villa Hotels" und soll der Kronjuwel werden. Die anderen Hotels der Gruppe sind Sun, Fun, Holiday und Paradise Island. Der Bau hat sehr lange angedauert, und die Eröffnung stand bei meinem Besuch noch immer einige Monate aus, da die gesetzten Standards in der Bauausführung alles bisher Dagewesene auf den Malediven übertreffen werden. Egal ob es der Gast letzlich bemerkt oder nicht: alles was in diesem Resort verwendet wurde, ist vom absolut Besten!

Das Essen kann ich noch nicht beurteilen aber es wird wahrscheinlich erstklassig werden, denn die Küchenausstattung ist fantastisch und nur Kanuhuraa ist gleichwertig.

Der Swimming Pool wird ein spektakuläres Meisterstück aus Kurven, Neigungen und zahllosen winzigen blauen Fliesen. Den Whirlpool im Wellness-Center hat man im selben Rokoko-Stil gestaltet.

Keine Ausgaben wurden gescheut. Sowohl die klimatisierten Squash- und Badminton Courts in der Halle, als auch der Tennis- und Basketballplatz haben internationalen Standard. Das Tauch- und das Wassersportcenter werden zu den Bestausgerüstetsten im ganzen Land gehören.

Das Resort hat 150 Zimmer. Davon 148 Deluxe und zwei Präsidenten Suiten. Die Möbel sind aus solidem Hartholz und sogar der Marmor auf den Nachttischen ist echter, schwerer Marmor. Alle Textilien wie z.B. Vorhänge oder Bettwäsche sind nur von allerbester Qualität. Die Objekte, Armaturen und Accesoires im Bad zählen zu den besten, die es gibt.

Ich bin sicher, sie verstehen jetzt was ich meine. Entweder das hier ist genau das was Sie suchen, oder das, was sie gerade nicht suchen. Dies ist ein Resort, das die Lust auf Luxus und erstklassige Möglichkeiten wahrhaftig befriedigen wird. Viele von uns haben sicherlich diese Sehnsucht aber im Zusammenhang mit einer einsamen Insel...? Es paßt wirklich nicht ganz zueinander. Der Kontrast zwischen dem königlichen, schweren Interieur und der spärlichen, einfachen Natur ist ziemlich erschreckend.

Es ist an sich eine schöne Insel. Obwohl Platz für die vielen Gebäude gefunden werden mußte, sind die hohen Palmen überall erhalten geblieben. Das echte Highlight der Natur sind hier allerdings die vielen großartigen Banyan Bäume. Diese schönen Ungeheuer geben der Insel wirklich ein besonderes Flair. Sie sind anscheinend vor mehreren hundert Jahren - als die Insel zuletzt bewohnt war - angepflanzt worden, um auf einfache Art Bootsmasten gewinnen zu können.

In ihrem ursprünglichen Zustand waren die Strände schmal und unbeständig aber jetzt, nachdem man nahegelegene Sandbänke abgetragen und hier verteilt hat, sind sie breit und gepflegt. Die Schnorchelmöglichkeiten mürften gut sein, da die Riffe um die gesamte zigarrenförmige Insel herum überall sehr nahe liegen.

Ferienanlage *tel*: 447070 *fax*: 447272 *email*: resvn@biyadoo.com.mv

Dose Bier	$2.00	Halbtags-Inselhüpfen:	$45
Lime juice:	$1.50	Fischen bei Sonnenuntergang:	$20
Mineralwasser:	$3.00		

Tauchzentrum Jurgen Schaegger's

Ein Tauchgang, gesamte Ausrüstung:	$47
Sechs Tauchgänge, gesamte Ausrüstung:	$440
Zertifizierter Tauchkurs:	$462

Vergessen Sie nicht bei Ihrem Malediven Aufenthalt

Najaah ARTPALACE

SOUVENIRS

Besuchen Sie Souvenirs

Verlassen Sie die laute Straße und stöbern Sie in Ruhe durch die größte Auswahl an Urlaubsartikeln im Land.

Mit zwölf Jahre Erfahrung in dieser Branche wissen wir, was Ihnen gefällt und scheuen keine Mühe diese Dinge zu besorgen. Fast alles in unserem Geschäft sind originale Handarbeiten, die von uns für Sie in Auftrag gegeben wurden

T-Shirts zwischen US $3 und $45, Batiken jeglicher Art, Sarongs

aus verschiedenen Stoffen, Schmuck aus Silber und mit Edelsteinen, Holzschnitzereien, Tee, Gewürze und vieles mehr.

ISLAND
AVIATION SERVICES LIMITED
26, Ameer Ahmed Magu, Male' 20-05, Republic of Maldives Phone: 960-322438 Fax: 960-325056
Fly with us
from island to island to island...

M T C C

MTCC Marine Transport Service

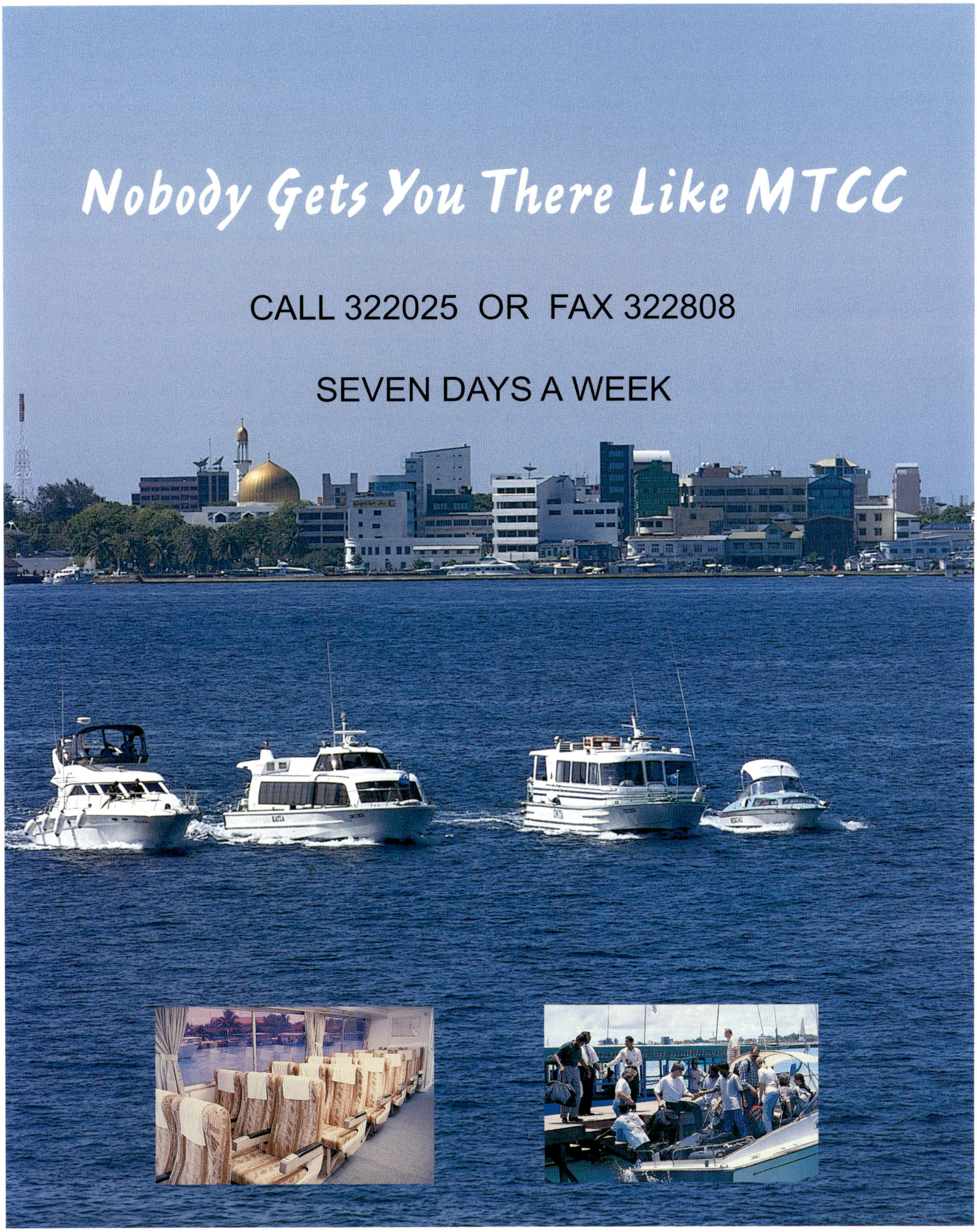